# Mr. Señora
# eta beste ileorde batzuk

© Alvaro Ledesma

**Oier Guillan** (Larratxo, 1975). Donostiako periferian jaioa, bere lehen urtetik Oreretari atxikia bizi izan den arren. Idazlea, kazetaria, antzerkigilea. Mikelazulo kultur elkartean hasi zuen sormen-lanei loturiko bidea. Literaturan *Eskuen sustraiak*, *Herio heroi/Arra. Arraroa*, *Hura ez da lekua* eta *Elkartasun basatia* ditu azken lanak. 2008tik Metrokoadroka kolektiboko kidea da, bertako lagunekin taularatu ditu *Poza, Zertarako Hegoak*, *Su izan nahi* eta *Salto* bezalako lanak. Dejabu, Anakrusa, Rouge Elea taldeen kolaboratzailea izan da, *Gabrielen lekua* (2013) eta *Nola belztu behar zuria* (2014) proiektuetan parte-hartzailea.

# Mr. Señora

## eta beste ileorde batzuk

TESTUA

Oier Guillan

IRUDIAK

Idoia Beratarbide

HITZAURREA

Ainara Gurrutxaga

TXALAPARTA

LEHENENGO EDIZIOA
Tafalla, 2016ko apirila



TXALAPARTA ARGITALETXEA E.M.L.
San Isidro, 35-1A
78 Posta-kutxa
31300 Tafalla NAFARROA
Tel. 948 703 934
txalaparta@txalaparta.com
www.txalaparta.eus

ISBN
978-84-16350-47-6

LEGE GORDAILUA
NA. 660-16

AZALA ETA BILDUMAREN DISEINUA
Esteban Montorio

MAKETAZIOA
Monti

INPRIMAKETA
Gráficas Iratxe
Agustinos poligonoa, M, 5 kalea
31160 Orkoien - NAFARROA

txalaparta

# GORPUTZ DESEROSOAK

AITORTZA BATEKIN HASIKO DUT HITZAURRE HAU: arazo bat daukat. Tira, bat baino gehiago, baina oraingoan bakarrean zentratuko naiz. Azken boladan errealitate paralelo batean bizi naizela iruditzen zait, distortsio antzeko batean. Batez ere politikariak kulturaz hizketan entzuten ditudanean gertatzen zait. Haiek mundu mailako «erreferente» bihurtzeko jaiotzen diren fabrika itxuraldatuak, bulegoetan adostutako plan estrategikoak, inaugurazio handiki eta garestiak edo arteen kontseilu salbatzaileak ikusten dituzten lekuan... leku horietan nik izozkailu erraldoiak ikusten ditut. Bai, bai. Supermerkatuetako izoztuen sailetan egoten diren horien antzekoak. Ez dakit begien edo burmuinaren arazoa izango den. Neurologoarekin eskatu beharko dut hitzordua.

Ikusten ditudan izozkailu erraldoi horietan dena dago txukun. Gauza bakoitza bere plastikozko poltsetan banatuta dago, ez dago mugimendurik, dena dago hotz. Izozkailu erraldoi horien barruan jendea ikusten dut, irribarre izoztuekin ezpainetan «bizikidetza eta bakea» aldarrikatuz, beren haserre eta madarikazioak izotz azpian estaliz. Izozkailu erraldoi horietan denak du bere etiketatxoa. Hau produktua da. Hau herritar parte-hartzailea (inkestak betetzeko askatasuna emango diogu). Hau antzerkia da. Hau ez da antzerkia. Hau jendeak nahi duena da. Hau profesional prestigiotsua da. Hau ez. Hau alternatiboegia da. Hau kultura da. Hau ez da. Eta horiek guztiak urdaiazpiko kroketa eta arrain makilatxo izoztuen artean irudikatzen ditut.

Azken boladan okerrera joan zait gaitza. Nire irudimenean ez ezik nire gorputzean ere sentitu ditut ondorioak. Psikosomatikoa izango da. Gorputz osoan izotz geruza fin bat atera zait eta nire bihotzaren taupadak gero eta motelagoak dira. Hotz handia daukat. Seinale txarra. Garbi dago, ni ere izozkailuan sartuta nago.

Neurologoaren telefonoaren bila nabilela deitu dit Oierrek, liburu honetarako hitzaurrea egingo ote dudan proposatzeko. «Uf, Oier. Barkatu baina ezingo dut. Izozten ari naiz, oraingoan serio. Neurologoren bat ezagutzen duzu?». Oierrek trago batera gonbidatu nau eta neurologorik ez dudala behar errepikatu. Egoeraren larriaz jabe dadin, gorputzean dudan izotz geruza fina erakutsi diot. Hirugarren ardoaren ostean aitortza egin dit lagunak, kamiseta altxatu eta bular gaineko izotz geruzatxoa erakutsita. Lagunak nire gaitza konpartitzeak pittin bat lasaitu nau. Ez naiz lagun oso ona, badakit. Testua pasa dit. Bosgarren ardoak ematen duen harrokeriaz erantzun diot: *why not*, kamarada!

Gau horretan kolpe bakarrean irakurri dut *Mr. Señora eta beste ileorde batzuk*, zuk irakurle orain esku artean duzun antzerki testu bilduma. Iltzatuta gelditu naiz zeharo. Lehen aldia da Oierren lanak bilduma gisa irakurtzen ditudala. Poztu naiz bere obsesioek pil-pilean jarraitzen dutela ikustean, bere hitz-joko bihurri horiek, bere hitz fetitxeek: «body milk», «depilazioak», «dutxako ileak» eta «masturbazioa», esaterako. Zer da, bada, sortzaile bat bere obsesiorik gabe? Labezomorroak balira bezala, esaldiak nahieran zeharkatzen dituzten hitz horiek. Jolas estetikoaz gain, autorearen mundura sartzeko giltza kodifikatuak ere badirela iruditu izan zaizkit beti. Oier, gainera, deliberatuki, modu probokatzailean, jolastu egiten da haiekin. *Minari buruzko solasaldiak* antzezlanean bereziki hitz-joko horiek benetako indarra lortzen dutela iruditu zait. Maisutasun handiz idatzitako dialogoak dira nire ustez, oso biziak, zorrotzak eta esaldien talkaren talkaz ikaragarrizko karga poetikoa lortzen dutenak. Beckett-en *Catastrophe* antzezlan laburraren zaporea etorri zait. Plazer hutsa izango da antzeztuko dutenentzat, ziur.

*Hautudeterminazioa*, *Bi ahots* eta *Ate etzana* lanetan, ironia eta erritmo bizi bera topatu dut. Oierren testuekin askotan gertatzen zaidan bezala, burmuinak eztanda egin dit behin baino gehiagotan, begiak okertu egin zaizkit, ileak tentetu eta mingaina korapilatu. Hots, Peta-zeta hautsak ahoan lehertzen zaizkizunean bezalaxe. Ezinegona, harridura eta kilimak maila berean.

Baina nire gorputz-izoztearen gaitz hau dela medio, *Mr. Señora*, *Maite zaitut oraindik* eta *Arra. Arraroa* antzezlanek astindu egin naute momentu honetan batez ere. Hiru lan hauetan gorputzaren eta generoaren gaiak bereziki azaleratzen dira eta nahiz eta idazlearen testu guztiak diren politiko (ba ote dago sorkuntzarik politikoa ez denik?), iruditzen zait hiru hauetan bereziki ukitzen direla gaur egungo gizarte eraldaketarako erronka berriak: «Nire ideiak ez dira deserosoak, nire protesta erradikalak ez dira ezerosoak. Demokratikoak direlako. Baina nire gorputza bai, nire gorputza deserosoa da, ez da demokratikoa. Bizitzan egiten ditudan aukerak nire gorputzean gorpuzten direlako», dio Mr. Señorak. Gorputza iraultzaren zentroan. Gorputz inperfektuak, sailkaezinak, elbarriak, iletsuak, gatazka bizi duten gorputzak. Gorputz ez-izoztuak.

«Gorputzaren aldeko borroka soberania lortzeko borroka da», irakurri nion Joana Mansó literatura doktoreari berriki elkarrizketa batean. *Bang on.*

*Mr. Señora* irakurtzean, Ixiar Rozasen *Beltzuria* edo Judith Butler, Beatriz Preciado edo Michel Foucaulten lanak ere etorri zaizkit gogora. Eta feminismoaren azken urteetako zorioneko ekarpen horiek guztiak. Oierren testu eder hauek mugimendu horretan kokatuta ikusten ditut nik, bai gai eta bai forma aldetik.

Liburua irakurtzen amaituta, apenas dudan izotz geruzarik azal gainean. Uste dut irakurtzeak on egin didala. Izotz demokratizatzailearen kontrako antidoto bilakatu zaizkit hitz bihurri hauek. Manta goxo bat gainean jartzea bezala.

Oier eta biok asko miresten dugun La Zaranda konpainiako Eusebio Calongeren hitzak amaitzeko: «Arteak ez lezake mundua aldatu eta ez da hori haren misioa, baina gure itxaropenak berritu ditzake». Inoiz baino argiago ulertu dut esaldi hori gaur.

Oraingoz behintzat ez diot neurologoari deituko.

AINARA GURRUTXAGA

*L'art est ce qui rend la vie plus intéressante que l'art.*

ROBERT FILLIOU

# Mr. Señora

Testu hau Amaia Corralen begiradapean idatzi zen. 2016ko udaberrian estreinatu zen teatro-errezitaldi modura.

Aktoreak:

AINHOA ALBERDI
AMAIA CORRAL
JOSEBA ROLDAN
OIER GUILLAN

*(Balizko dramaturgia baterako ideia: gorputz atalen argazkiak zintzilik, haietan ez da ikusten aurpegirik, ez da argi identifikatzen generorik. Mr. Señora eszenan, publikoari beha)*

1.

Jaun, andere, jaundere eta ez bata ez besteok, areto honetan elkartu zaituztet gaur hizpide bakarrarekin: desarmairugabetzea.

Hor ezkerrean zaudetenok, master baten aurkezpenera zentoztela uste zenuten.
Eskuman zaudetenok, berriz, antzezlan baten estreinaldira. Erdikoek hitzaldi batera.
Guztia gezurra, eta egia era berean.
Hitz hauek liburu batean irakurtzen ari zaretenak ere ez zarete libro:
guztia ikus dezaket hemendik!
Zuon guztion dezepzio bakarra honako hau izango da:
GAURKO HITZORDU HONETAN EZ DA LUNTXIK EGONGO
–sentitzen dut, ez dut sentitzen, niri bost, edo sei, edo zazpi–.
Baina hemen zaudete.
Hemen gaude.

Hemendik aurrera gustura egongo zarete ala ez, nazka hartuko didazue ala ez, laztandu nahi izango nauzue ala ez.
Baina egon zaitezte ziur:
gaur hemen gertatuko dena behin bakarrik gertatuko da, gertakizun bakan baten lekuko izango zarete: desarmairugabetzea.

Eta horretarako, maiteak, maiteok, maiteuk, biluzi egingo naiz.
Bai, badakit:
biluztea ikusiegia dago antzerki garaikidean, ez dago biluzten ez den arte ederretako bekadun bekataririk edo performerrik, ados!
Baina, jakina, beste era batekoa izango da biluzte ariketa hau.
Biluzten naizen heinean, gorputz hau ukitu, laztandu, iraindu eta desiratu duten pertsona guztiak biluziko ditudalako nirekin.
Haien alde eta kontra biluziko naiz.
Armairugabetzeaz hitz egingo dizuet lehenik, desarmairugabetu egingo naiz ondoren.

Maiteak, maiteok, maiteuk, natura krudela da, odoltsua, haragijalea.
Edo kontrara, natura ez da ezer, natura DA eta kito.
Ni eta yogourtak naturalak gara.
Niaren adorazioa, yo-gurtzea da.
Beraz, ni naturala naiz.

*(Txisteak eragina izan duen itxoiten du, segur aski ez du publikoarengan irria sortu)*

Begira iezadazue!
Begira iezadazue zuen aurpegiekin, zuen familia albumekin, ideologiekin, botoekin, kirol talde gogokoenekin!
Begira iezadazue zuen aurpegiko zimurrekin, zuen izerdiarekin, tripako minekin, sukarrarekin, listuarekin, begiekin!
Nik ere begiratu nahi dizuet.
Begira iezadazue: ni naturala naiz.

Arren, otoi eta kotoi, piztu itzazue areto honetako argiak!
Une labur bat izango da, beste ezer baino lehen, biluzik sentitu nahi dut, sentitu egin nahi zaituztet:
sentitu egin nahi ditut zuen begiak.

*(Argia piztu da aretoan. Minutu batez Mr. Señorak publikoaren begiradak hartu, jaso eta gorputzetik «pasako» ditu, isilean)*

Zuen begirada senti dezaket,
epaitzen, barre egiten, urduri jartzen, galdetzen:
«Zer nahi du honek gutaz?
Zergatik biluzi nahi du gure aurrean?
Zergatik ez dago luntxik hitzordu honetan?».

Jaun, andere, jaundere eta ez bata ez besteok, desarmairugabetzea izan nahi dut gaur hizpide, mintzagai. Ikea, Leroy Merlin eta antzeko enpresa erraldoien ondorioz armairu guztiak berdinak izatekotan, edo are okerrago, demokratizatzekotan daude.

Gizarte hau armairugabetze bidean da, eta ezin dugu permititu.
Ez gaitzazue armairugabetu, eta are gutxiago modu ordenatuan egindako kaltea onartu ostean... armairutik ateratzen jarraitu dezagun armairutik ateratzeak beharrezkoa izateari uzten dion arte.
Munduko armairuetatik ateratzen diren pertsona alaien armadak, ager zaitezte!

Armairutik ateratzearen ideiari zor diogu, bizitzaren arlo guztietara hedatu behar litzatekeen bizi jarrera bat.
Armairutik ateratzeko ohitura hartu behar lukete munduko gutxiengo gutxitu, gehiengo gutxitu eta gutxiengo gehiengotuagotu guztiek.
Armairutik ateratzeko jarrerak munduko ondare unibertsala izan behar luke, Atenasko Akropolia baino askoz lehenagokoa baita. armairuaren asmatzea bera baino lehenagokoa.

Gaur armairutik ateratzearen aldeko aldarria egitera nator, armairugabetzearen arriskuaz ohartarazteko, eta desarmairugabetzearen alde egiteko.
Has gaitezen:
zein neurritan naiz besteek ikusten dutena?
Existitzen al naiz besteen begiradarik gabe?
Nortzuk zarete zuek begiratzen dizuedanean?

Nik gaur nire armairua topatu dut: antzokia.

*(Barre egiten du bakarrik. Keinu bat egin eta publiko argia pixkanaka behera doa. Argi aldaketa orokorra)*

Nire ahotsak eskuak ditu, maiteak, maiteok, maiteuk.
Nire ahotsak eskuak ditu eta uki zaitzaket.
Uki zaitzaketet?

2.

*(Zintzilik dauden argazkiak hartzen hasi da. Lehena bere hankarteari begira)*

Nor naiz hau.

*(Ukondoari begira)*

Nor naiz hau.

*(Ipurdiari begira)*

Nor naiz hau.

*(Isilunea)*

Ilea, haragia.

Eta ilearen eta haragiaren azpikoa, barrukoa, ertzekoa.
Azalaren barruan dagoena.
Epidermisa.
        Barrurago.
Muskuluak.
        Barrurago.
Hezurrak.

Barrurago.

Ni.

*(Eskuei begira)*

Nire eskuek oroimena dute.

Eskuetan nago.
Eskuetan naiz.

Nire eskuek hitz egiten dute isiltzen naizenean.
Nire gorputzaren inguruan, besteen gorputzaren inguruan...
eskuak mintzo bitez!

Eskuek nire gorputza ulertzen dute, nire eskuek ez dute begirik behar naizena laztantzeko, sentitzen dudana ukitzeko eta gozarazteko, naizena onartzeko eta ukitzeko.
Naukan gorputzetik harago naizena maitatzeko.

Eta, hala ere, ez dakit nire azala argi azaltzen.

Azala. Orri zuria. Kaka zaharra.
Azala. Mapa irekia. Kaka zaharra.
Azala. Itsaso garbia. Kaka zaharra.
Azala. Hidratazioa. Kaka zaharra.

*(Isilunea)*

Nire ahotsak eskuak ditu, maiteak, maiteek, maiteik, maiteok, maiteuk.

Uki zaitzaket?
Uki zaitzaketet?

Nire eskuek nire gorputzaren historia oroitzen dute.
Nire gorputza masturbaturik hustua, bakardade une basa batean:
a!, basa-morturik natza!
Nire eskuek azala oroitzen dute.
Nirea.
Besteena.
Ez dakit nola azaldu azala, nire eskuek azalean azaltzen ez dena ere oroitzen dutenean:
oroitzen dute plazera, oroitzen arnasestua, oroitzen larrialdia eta leherketa.
Ez ordea hankartearen formarik.
Azala soilik.
Guztia berdintzen duen azala.
Aukerak berdintzen dituen azala.
Edonork laztandu dezakeen azala.
Nirea.
Besteena.
Eta ni azalean azaltzen naiz, basamortuko harea baino beroago.

Nire eskuek ez dute oroitzen plazer orrorik sortzen ez duen zulorik.
Oi, zuloak!
Azaleratzen zaizkidan zauriak, orbainak, zuloak.
Neure buruari eragin dizkiodan zauriak, orbainak, zuloak.

Zauri bakoitzetik jausten zait tantaka hilerokoa, egunerokoa, uneorokoa, baina plazerez jaisten naiz zuloetara.

*(Isilunea)*

Nire ahotsak eskuak ditu, maiteak, maiteek, maiteik, maiteok, maiteuk.
Uki zaitzaket?
Uki zaitzaketet?

*(Pentsakor)*

Nire eskuek ahotsa dute, eta diote:
ez nazazue uki.
Ez nazazue hunki!

Jendearen begiradak azala zeharkatzen dit batzuetan.
Biluzten naizen aldiro beldur naiz jendearen begiradak zeharkatuko nauen uneaz.
Biluztasuna bera biluzi dezake jendearen begiradak.
Hezurretan sumatzen dut jendearen begirada, epaitzen.
Epaileak! Epaileak!
Zergatik aurpegiratzen dizuedan ezberdintzat jotzen nauzuela, galdera hori egingo didazue agian, areago, neu sentitzen naizela ezberdin, zuei funtsean bost axola zaizuenean ezberdina naizen ala ez...
Bost axola zaizue?

Zergatik ateratzen da armairutik norbera,
bertan salbu baldin badago,
inork ikusten ez badu?

Biluzik natza.
Saminez korritzen naiz epaitzen nauen ororen aurpegian.

Nire intelektoa ez da ezerosoa.
Nire kultur erreferentziak ez dira ezerosoak.
Nire zine zaletasunak ez dira ezerosoak.
Nire ideiak ez dira ezerosoak.
Joder, demokrazian bizi gara!
Demokrazia da kapitalismoak asmatu duen azkeneko marka komertziala.
Hiriburu guztietan zabaldu ditu dendak demokraziak.
Hiriburu guztietan gauza berdinak prezio berean saltzen ditu demokraziak.
Horregatik, nire ideiak ez dira ezerosoak, jada ez.
Nire protesta erradikalak ez dira ezerosoak.
Demokratikoak direlako.
Baina nire gorputza bai.
Nire gorputza ezerosoa da.
Nire gorputza ez da demokratikoa.
Bizitzan egiten ditudan aukerak nire gorputzean gorpuzten direlako.

Itsusia naiz eta harro nago
–baina min ematen dit–
arraroa naiz eta harro nago
–baina min ematen dit–

ez naiz normala eta harro nago
–baina min ematen dit–
iseka egiten didate eta harro nago
–baina min ematen dit–
kosta egiten zait biluztea eta harro nago
–baina min ematen dit–.

Maiteak, maiteok, maiteuk, gaur ez nago bakarrik,
badut nire gorputza bere eskuekin oroitzen duen hainbat jende,
nik haien gorputzak nire eskuekin oroitzen ditudan moduan.
Eta, hala ere, besteen begiradak min ematen dit.
Baina bakarrik ez nagoenez, bost axola zait, sei axola zait, zazpi axola zait, salbu nago, izorra zaitezte begiradaz epaitzen eta espraitzen nauzuen guztiok!
Edo ez.
Izorra nadin ni.
Arazoa ez baita itsusia naizela diozuen ala ez,
arraroa naizela diozuen ala ez,
normala ez naizela diozuen ala ez,
iseka egiten didazuen ala ez,
arazoa da zergatik uzten dizuedan,
zergatik ostia inporta zaidan diozuena.

Demokraziak armairuak lapurtu nahi dizkigu, maiteak, maiteok, maiteuk,
eta haren ordez inora irekitzen ez diren ateak zabaldu,
edo okerragoa dena, guzti-guztiek leku berera ematen duten ateak zabaldu.
Demokraziak armairugabetu egin nahi gaitu,

armairuak sistematik ezabatu, ez dezagun armairutik ateratzeko modurik topatu,
armairuak hilkutxa izan daitezen betiko.

Demokraziak armagabetu nau,
ezberdintasuna onartzea delako geratzen zaidan azken arma:
ezberdintasuna pentsatzea eta sentitzea eta agertzea.
Demokraziak armairugabetzen gaitu, norberaren gorputza gutasun berri baten aldarri izan ez dadin!
Baina neuk neure burua desarmairugabetuko dut.
Armairuak topatuko ditut beharrezkoak diren lekuetan eta uneetan,
armairu uneak, armairu pertsonak, armairu lekuak, armairu beldurrak,
zeintzuetan eztanda egin.

Nire ahotsak eskuak ditu, maiteak, maiteok, maiteuk,
uki ditzaket desio ditudan hitzak, misterioz beteriko hitzak,
belarrira xuxurla ziezazkidaten nahi nukeen hitzak:
maite,
alutxo,
tentel,
potro,
koskor,
samur.
Uki ditzaket hitzok, maite ditudalako gorroto ditudan hitzok,
gorputz osoan igurtzi nahi nituzke, azal guztian zabaldu,

desio dudan norbaiten alboan isiltasuna isurtzen den bezala, tanta bortitzetan.

Egin dezagun Body Milk krema bat isiltasunarekin!
Egin dezagun babes altuko eguzki krema bat bakarrik sentitzen garenerako!
Egin dezagun zulo beltzak hidratatzeko ukendu bat!

Gogoan dut lehen aldiz biluzi nintzen aldia.
Ez ninduen desioak biluzi, ez arropa eranzteak, ez pasioak.
Begirada batek baizik:
begirada batek zeharkatu ninduen lehen aldia,
begirada batek nire gorputza den bezala aztertu zuen lehen aldia,
begirada batek nire gorputza zauri guztiekin ikusi, barneratu, onartu zuen lehen aldia
–ispiluan–.

Begirada batek egin zidan min, begirada batek askatu ninduen
–nire begiradak–.

Armairuaren barrura begiratzen duenak ilunera zuzentzen du begirada,
armairutik ateratzen denarena argitasunera doan begirada da.
Argitasuna bonbilla zahar bat bada ere.

Zuen ahotsak eskuak ditu, maiteak, maiteok, maiteuk, hidrata nazazue «autoaskapena» bezalako hitzekin osatutako ukenduz!

Begira iezadazue isil,
zeuon begi izutuetan,
zeuon begi harrituetan,
zeuon begi pasioz beteetan
neuk nor naizen ikus dezadan.

Orain badakizue nola sentitzen naizen.
Ez iezadazue begiratu, ikus nazazue.

## 3.

Eta ispiluak. Baina ispiluak. Ai, ispiluak.

Eguneroko gezurrak edo egiak asmatzera kondenatzen gaituen gailua, ispilua.
Gezurrak eta egiak, eguneroko aldartearen arabera.

Jendarte oro da ispilu bat, baina ispilura zuzentzen den begirada beti da norberarena.
Norberaren begiradak ikusten duena beti da norbera, beldurrak besterik ikusten ez dituenean ere.

Ispiluen aurrean bi aukera posible daude:
autoaskapena
edo autoataskapena.

Eta ispiluak. Baina ispiluak. Ai, ispiluak.

Norberak besteen begirada bere egiten duenean.
Besteen begiradak gurea okupatzen duenean.

Kanpotik datorren begirada armairu barruko iluntasunera zuzentzen denean.
Kanpotik datorren begiradak zaurien gaineko zauriak eragiten dituenean.

Eta ispiluak. Baina ispiluak. Ai, ispiluak.

Neuk zabaldu dut armairuko atea.
Neuk zabaldu diot armairuko atea kanpotik datorren begiradari.
Begirada horrek armairuaren barrura zanpatuko nau.
Neuk zabaldu ditudalako armairuko ateak eta barruan gelditu naizelako ondoren.

Armairuko atea zabaltzerakoan bi aukera daude:
zeuk begirada kanpora zuzentzea, edo besteek zuri begiratzea.
Zeure esku dago bata edo bestea izatea.
Bien arteko aldea: pauso bat. Pauso soil, ezinbesteko bat.
Barruan edo kanpoan egotearen arteko aldea den pausoa.

Begiratzen dudana naiz, edo begiratzen dutena?

## 4.

Nor naiz inork ikusten ez nauenean?

*(Gorputz atalen argazkietara bueltatzen da)*

Ikus ezazue. Hau ni naiz, 1996ko otsailaren 29an.
*(Ipurdi bat soilik ikusten da)*
Paris, Tour Eiffeleko komunean ateratako argazkia.

Ikus ezazue. Hau ni naiz, 2000ko otsailaren 29an.
*(Oin bat soilik ikusten da)*
La Cassamance, ofizialki Senegal, zuhaitzen artean.

Ikus ezazue. Hau ni naiz, 2004ko otsailaren 29an.
*(Galtzarbe bat soilik ikusten da)*
Bartzelona. Ranblen ertzeko Giro-ona izeneko euskal tabernako komuna.

Ikus ezazue. Hau ni naiz, 2008ko otsailaren 29an.
*(Ukondo bat soilik ikusten da)*
Bilbao. Gugghemheimeko komuna.

Ikus ezazue. Hau ni naiz, 2012ko otsailaren 29a.
*(Esku ahur bat soilik ikusten da)*
The Communards taldea berriro elkartu zeneko kontzertua, Londres.

Ikus ezazue. Hau ni naiz, *(egunean eguneko data esango du)*
*(Aho bat zabalik soilik ikusten da)*
Orereta, «Gay-lur» taberna.

Nor naiz guztiok ikusten nauzuenean?

Dagoeneko konturatuko zineten, zer duten komunean argazki hauek guztiek.

Zer dute komunean, maiteak, maiteek, maiteik, maiteok, maiteuk?
Bai horixe, komunean aterata daudela.

Eta ez da kasualitatea.
Istorio bat kontatuko dizuet.
Duela urte batzuk hiru lagunek osatu genuen «Otsailak 29 mugimendua» izeneko ekintza taldea.
Izen exotikoak genituen hirurok, kabaretean lan egiten genuen garaikoak:
Afrika, Rubí eta Vascoparlante.
Hiruron artean osatu genuen «Otsailak 29 mugimendua»
Ikusezinak garenon, intermitenteak garenon,
itsusion, langabeon,
egon gabe bagaudenon aldarriz eta omenez.
Jaio zaigun gorputzean gatazka bizi dugunon omenez.
Esklabo beltz izan garenon omenez.
Jendarte ororen historian egondako zirkuetako langileen aldarriz eta omenez.

Afrika, Rubí eta Vascoparlante, sekula ahaztuko ez dudan hiruko magnifikoa.
Adiskideak, maitaleak tarteka, burkideak.
Egun bakarra irauten duten betirako maitasunaren ekintzaileak.
Itsusion aldeko elkartasunaren militante erradikalak.
Elkartasunak erradikala izan behar duelako errukia izan ez dadin, limosna izan ez dadin, *cool* izan ez dadin.
Mingarria izateraino zabaltzen den elkartasuna.
Otsailaren 29a bezalakoa:

erdi ikusezina, erdi ahaztua den eguna,
lau urtean behin hauteskundeen aurretik izaten den gogoeta egunaren modukoak: absurdoa, ezinbestekoa, kutsatu beharrekoa epidemia bat bezala.

Otsailaren 29a ginen gu, armairugabetzearen osteko belaunaldikoak ginen gu.
Izaera politikoa ukatua zaigun gatazketako biktimak eta era berean borreroak.
Edozein leku da ona armairuak husteko, hori genuen aldarri.
Armairuak topatzen genituen uneetan eta pertsonetan otsailaren 29ak harrapatuko bagintu bezala.
Komunean daukaguna bilatu genuen desarmairugabetzeko:
Afrika, Rubí, Vascoparlante.
Eta zer genuen komunean?
Komunak genituen komunean, otsailaren 29ko komunistak ginen gu.
Eta ekintzak egiten genituen otsailaren 29 guztietan:
komunetan arropak erantzi, eta jauzi egiten genuen mundura.
Ez genuen maskararik jartzen, munduak ikus gintzan, alderantzizko zapatistak bagina bezala: biluzi egiten ginen, munduak begiratu beharrean, ikus gintzan.

Zoriontsuak ginen otsailaren 29etan, baina denborarekin modan jarri ginen, dokumental esperimentalak, performanceak eta inork bisitatzen ez zituen arte instalazioak egin zituzten gure inguruan.
Demokratizatu egin ginen
–nahiz eta minez jarraitu–.

Eta gu ere, besteak ikusi beharrean, haiei begiratzen hasi ginen. Denborarekin «beste»lako berriei, er«beste»ratuei, beldurra hartu genien.
Ohartzeke baztertu genituen guk ere «besteak».
Moda bakoitzak marjinatzen du beti norbait: irailaren 11k ordezkatu zuen otsailaren 29a.
Galdu ginen.

Ez nintzen inoiz beltz sentitu norbaitek beltz begiratu zidan arte.
Nori begiratzen diot nik beltz?
Ez nintzen inoiz susmagarri sentitu norbaitek susmagarri begiratu zidan arte.
Nori begiratzen diot nik susmagarri?
Ez nintzen inoiz arraro sentitu norbaitek arraro begiratu zidan arte.
Noiz begiratzen dut nik arraro?
Ez nintzen inoiz normal sentitu norbaitek normal begiratu zidan arte.
Zergatik begiratzen dut nik normal?

## 5.

Sasiumiltasun sasizintzo sasiapal osoz diot,
armairutik ateratzea asmatu zutenek inoiz inork egin zezakeen ekarpenik erraldoiena egin diotela jendarteriari.
Edonon, edonoiz dagoelako armairutik ateratzearen ideia praktikatu dezakeen norbait,
jendez gainezka dagoen gutxiengo gutxitu, gehiengo gutxitu

eta gutxiengo gehiengotuagotu baten parte izateaz harro dagoen norbait.

Armairutik ateratzea jendarteriaren ondare unibertsala izendatu beharko litzateke.
Maiteak, maiteok, maiteuk:
ez baduzue armairu bat zeinetatik atera, bila ezazue bat!

Jende alaia da iraultzaileena.
Alai egoteko arrazoirik sekula ez dagoelako, alai egotea iraultzailea da.
Zauriek min ematen dutelako, alaitasuna iraultzailea da.

Atera konplexuetatik.
Atera autokritika klubetatik.
Atera futbol zelaietatik.
Atera futbola gorroto duten intelektualen klubetatik.

Alai egoteko arrazoirik ez dagoelako, alaitasuna iraultzailea da!

Aukeratu armairu bat. Desarmairugabetu gaitezen.
Aukeratu beste armairu bat. Berdesarmairugabetu gaitezen.
Beti dago armairu bat zeinetatik atera. Berberdesarmairugabetu gaitezen.

Denok gara armairuren batetik ateratzeko gai.
Zein da zurea?
Zein da zuena?

## 6.

Nire ahotsak eskuak ditu, maiteak, maiteek, maiteik, maiteok, maiteuk.
Uki zaitzaket?
Uki zaitzaketet?

Nire ahotsak eskuak ditu.
Zer txalotzen dut txalotzen dudanean?
Norbait txalotzen dudanean, edo norbait sutsuki kritikatzen dudanean,
ez al naiz funtsean neronek neure buruaz une horretan leku horretan sentitzen dudana eta bizi dudana adierazten ari?
Norbait txalotzen edo sutsuki kritikatzen dudanean, hartaz edo nitaz ari naiz trufatzen?

Niri begiratzen didazuenean zuen ze parte ikusten duzue?
Ni txalotzen nauzuenean, zuen ze parte txalotzen duzue?

# Hautudeterminazioa

HAUTUDETERMINAZIOA

DIALOGO ABSURDO BAT, SASI-SAIAKERA BAT, ETA ERREZITATURIK TOPATU DUGUN GURE POEMA BAT

Amaia Corralen begiradapean idatzitako testu hau *Jakin* aldizkariaren enkarguz sortu zen 2015eko ekainean, eta Iruñean aurkeztu zuen Metrokoadroka kolektiboak irakurketa dramatizatu moduan «Euskara, estatugintza eta naziogintzaren erdian» jardunaldian.

Oholtzan:

AMAIA CORRAL

OIER GUILLAN

A: Non nago? Ez dut ezer ulertzen. Nor naiz? Ez dut ezer oroitzen.

O: Ongi etorri mundura!

A: Zer diozu? Non nago? Ez dut ezer oroitzen.

O: Ongi etorri gizartera, emartera, jendartera, hankartera!

A: Nora esan duzu? Ez dut ezer oroitzen. Nora esan duzu?

O: Abrakadabra-lilili-pum! Nik emango dizkizut erantzunak.

A: Zuk?

O: Nik.

A: Nor zara zu? Ezagutzen zaitut?

O: Abrakadabra-libililibili-pum! Ez nauzu ezagutzen. Baina nik zu bai.

A: Hara! Benetan? Psikologoa zara? Psikiatra zara? Psikopata zara?

O: Ez, ni magoa naiz.

A: Magoa?

O: Magoa.

A: Eta zer egiten duzu? Pertsonak erdibitu? Uso zuriak beltzez tindatu? Sorta batetik aterako dudan karta asmatu? Bertso txapelketa bateko potoak konpondu?

O: Abrakadabra-libililibili-pum! Ez! Nik iritzi artikuluak idazten ditut herri honetako erdarazko egunkaririk salduenean.

A: O!

O: Bai! Abrakadabra-libililibili-pum! Nik idazten dudan guztia erreal bilakatzen da.

A: O!

O: Bai!

A: Magia! Jarriko didazu adibide bat?

O: Bai. Atzumatzu-asensio-iuju-benga-pum! Jarriko dizut adibide bat: mundu honetan inor ez da hiltzen nire egunkarian eskela publikatzen dugun arte.

A: Orduan... pertsonak hilezkorrak gara berez!

O: Bai. Abrakadabra-libililibili-pum! Herri honetako erdarazko egunkaririk salduenean eskela ordaintzen duzun arte ezingo zara hil.

A: Uau! Magia!

O: Bai.

A: Jarriko didazu beste adibide bat?

O: Bai, noski. Abrakadabra-libililibili-pum! Ahatez ahatekoa.

A: Ahatez ahatekoa?

O: Bai. Ahatez ahatekoa. Nire egunkarian euskal sukaldari ezagunenak ahatea prestatzeko errezetak publikatzen hasi ziren arte, inork ez zuen ahaterik jaten.

A: Ahate errea esan nahiko duzu?

O: Ahate err-austua da err-ezetarik err-ekonozituena.

A: O!

O: Bai. Guk asmatu genuen ahatez ahatekoa err-austeko modua.

A: O!

O: Bai!

A: Orduan pertsona aproposa zara niri behar ditudan erantzunak emateko.

O: Bai. Hala da. Behar dituzun erantzun guztiak asmatu egin ditzaket, haiek idatzi eta nire egunkarian publikatzen baditut erreal bilakatuko dira.

A: O!

O: Bai!

A: Orduan, erantzun galdera honi: nor naiz? Non nago? Ez dut ezer oroitzen.

O: Hori oinak hotz dituzulako da. Oinak hotz edukitzeak amnesia sortzen du. Hori idatzi nuen behin herri honetako erdarazko egunkaririk salduenean, eta ordutik erreala da.

A: Hara, benetan! Oinak hotz edukitzeak amnesia sortzen du. Egia al da hori?

O: Egia ez, erreala da hori. Egia eta errealitatea gauza ezberdinak dira. Nik idazten ditudan gauzak ez dira egia, baina erreal bilakatzen dira!

A: O! Magia!

O: Magia!

A: Oso ondo, erantzun iezadazu beste galdera bati: ni zer naiz, emakumea ala gizona?

O: Ez bata ez bestea, zu... estatua zara.

A: Estatua?

O: Estatua. Harri eta harri. Horregatik dituzu oinak hotz.

A: O! Harri-garria.

O: Bai! Eta horregatik ez duzu memoriarik.

A: O!

O: Bai!

A: Eta... hori normala da?

O: Normala? Memoriarik ez izatea? Estatua izatea? Oso normala. Edonon daude estatuak. Estatua airea bezalakoa da, ikusezina den arren arnastu egiten da.

A: Eta... nik emakumea edo gizona naizen jakin nahiko banu?

O: Galdera hori ez litzateke batere normala! Hori ez litzateke estatuak galdetuko lukeena!

A: Eta... nik emakumea edo gizona edo dena batera edo ezer ez naizen jakin nahiko banu?

O: Orduan... abrakadabra-libililibili-genero-trans! Orduan...! Ba ez dakit, aizu, ni magoa naiz ez kazetaria.

A: O!

O: Bai! Zure etxeko komuneko ispiluan begiratu diezaiokezu zeure aburuari. Adibidez. Abrakadabra-genero-trans-decathlon!

Gu pertsona normal bat gara.
Gu pertsona normal bat naiz.
Ni pertsona normal bat gara.
Normala: araua, legea, norma jarraitzen duena.
Gu pertsona normal bat gara, egun normal batean, normala denaz galdezka.
Araua. Legea. Norma. Zertarako. Nola. Zergatik.

**Pertsona normal batek egun normal baten hasieran, komuneko ispilu normal baten aurrean, bere buruari begira egindako galdera ez-normalak:**

Zer naiz ni, emakumezkoa ala gizonezkoa?
Zergatik emakumea ala gizona?
Zerk egiten nau emakume ala gizon?
Zertarako. Nola. Zergatik.

**Pertsona normal batek egun normal baten hasieran, aurpegia busti bitartean egindako gogoeta ez-normala:**

Aukeratu dezaket naizena? Zer aukeratu dezaket? Aukeratu dezaket izan nahi dudana? Zer eta non aukeratu dezaket? Aukeratu dezaket aukeratzeko aukera izatea? Zer eta non eta noiz aukeratu dezaket? Zein izan zen nire bizitzako lehen aukera? Zer eta non eta noiz eta noraino aukeratu dezaket? Aukeratu dezaket sentitzen dudana? Zer eta non eta noiz eta noraino eta zergatik aukeratu dezaket? Aukeratu dezaket naizena? Zer eta non eta noiz eta noraino eta zertarako eta zergatik aukeratu dezaket?

**Pertsona normal batek egun normal baten hasieran, gosaria prestatu bitartean egindako gomuta ez-normalak:**

Gaur goizean ez dakit emakumezkoa edo gizonezkoa edo ezer ez edo guztia naizen; botereduna naizen, boterea eskuratzeko pronto nagoen edo botereari uko egiteko prest.
Ez dakit, gizonezkoa edo emakumezkoa naizen galdetzen dudanean, nire ahotik nork hitz egiten duen.
Iraganak? Kulturak? Botereak?
Ez dakit, egunerokotasunean genero intsumisioa praktikatzen dudanean, nire ahotik nork hitz egiten duen.
Ideologiak? Militantziak? Duintasunak?
Ez dakit, ogia erostera joan eta ogia eskatzeko hizkuntza aukeratzeko indarrik ez dudanean, nire ahotik nork hitz egiten duen.
Bihotzak? Nekeak? Beldurrak?
Ez dakit, euskaraz idazteko, antzezteko, sentitzeko hautua egiten dudanean, nire ahotik nork hitz egiten duen.
Arauak? Normak? Normaltasunak?

**Pertsona normal batek bezperan ezagututako maitalearekin gosaldu bitartean egindako gomuta ez-normala:**

Mingaina da nire hankarte libre bakarra.

**Pertsona normal batek bezperan ezagututako maitalearekin gosaldu bitartean ohekideak euskaraz dakiela deskubritu berri du. *Zein hizkuntzatan jo dugu bart larrua?*, galdetu dio pertsona normalak bere buru normalari.**

Euskaldunak egunero hautu-determinatzen du bere burua, bere hankartea, bere mingaina, bere azala.
Aukeratzeko aukera ez duena etengabe aukeratzera behartua dagoelako: bizitza ofizialaren azpitik, nortasun agirien gainetik, bizitza bikoitz bat edukitzeko aukera.
Euskaraz mintzo dena etengabe aukeratzera behartua dago: une bakoitzean, denda bakoitzean, irakurtzen duen liburu eta egunkari bakoitzean, haserrealdi bakoitzean, gorputz bakoitzean.

Aukeratzeko eskubidea nahi dut, aukeratzeko beharra gehiago ez izateko.
Ez erabakitzeko eskubidea nahi dut.
Aukeratzeko aukera edukitzeko aukera eskubidea nahi dut, etengabe aukerak egiten ez ibiltzeko.
Ez erabakitzeko eskubidea nahi dut.
Aukeratzeko aukera edukitzeko aukera edukitzeko aukera eskubidea nahi dut, etengabe aukerak egiten ez ibiltzeko.
Ez erabakitzeko eskubidea nahi dut.

Aukeratzeko aukera edukitzeko aukera edukitzeko aukera edukitzeko aukera eskubidea nahi dut, etengabe aukerak egiten ibili behar ez izateko.

Aukeratu zer?
Ez dut oroitzen...

Haragijalea izan edo ez.
Haurrak eduki edo ez.
Gizonezkoa izan edo emakumezkoa edo queer edo trans edo dena edo ezer ez.
Aurreiritziak depilatu edo ez, galtzarbe hipsterrak eduki edo ez.
*Jakin*en jardunaldian irakurraldi bat egin edo ez.
Amaiarekin irakurri edo ez.
Oierrekin edo ez.
Hitz hauek esan edo ez.
Aukeran.

**Pertsona normal batek bezperan ezagututako maitalearekin gosari normal bat eduki ostean eta hurrengo baterako auskalo beharbada badaezpada telefono zenbakiak trukatu ondoren, maitalea nola joaten den leihotik begira dagoela gogoeta ez-normalak egin ditu:**

Hau tatu ajea.
Es tatu ajea.

Aukeratu ahal izango dut inoiz aukeratutakoa desaukeratzea?

Hau tatu ajea.
Es tatu ajea.

**Pertsona normal batek dutxa hartu ostean, biluzik, ispiluari begira, bere buruari bizitzan egindako hautuez galdezka:**

Gaur ez nator bat neure buruarekin.
Gaur bi nator, hiru nator, hamaika nator.
Gaur ez nator bat neure buruarekin.
Gaur ez dakit emakumezkoa edo gizonezkoa naizen.
Gaur ez nator bat neure buruarekin.
Gaur ez nator bat-man; bat-woman agian bai, bat-queer balitz hobe.
Gaur ez nator bat neure normaltasunarekin.

**Pertsona normal bat udaletxerako bidean, kultura-zeini-egotzi kargu berria betetzera doan bitartean egindako gogoeta ez-normala:**

Arrazoia. Legea. Araua. Norma. Zer egin daiteke normaltasunaren barrutik, zu zeu normala ez zarenean? Aldarri politiko emozional bat: mingaina da nire hankarte politiko bakarra.

Gogoan dut duela urte asko bilera politiko batean gertatua, garaiko egoera politikoaz eztabaidan. Eztabaidaren amaieran zera adierazi nuen nik:

–Ba nik sentitzen dudana da gatazka honen inguruan ez goazela ondo.

Arduradun politikoaren erantzuna honako hau izan zen:

–Ulertzen dut hori sentitzea, baina hau ez da sentimenduentzako lekua, hemen politikaz ari gara.

Oraindik irauten dit zakil aurpegiak.

*(A-k «Hau ez da sentimenduentzako lekua, hemen politikaz ari gara» dio eta O-k harridura aurpegi esajeratuak jarri, txandaka,* BOST ALDIZ A-K LAU ALDIZ O-K*)*

Arrazoia. Araua. Normala izan. Zertarako. Nola. Zergatik.

**Pertsona normal batek egun normal batean bere kultura-zeini-egotzi bulegoan lan egin bitartean idatzi nahiko lukeen baina astirik ez duen baina idatzi nahiko lukeen baina astirik ez duen gomuta ez-normala:**

Askatasuna ezinezkoa
                    Askatasuna jarrera.
Askatasunaren kontrakoa.
                    Askatasuna katea.
Askatasunaren etsairik handiena.
                    Askatasuna nekea.
Askatasuna irabazi
                    edo askatasuna hautatzea.
Aske izan nahi dudala erabakitzeko edo
aske izan nahi EZ dudala erabakitzeko aske izatea.
                    Autodeterminatzea.

Autoa non aparkatu nahi dudan erabakitzeko askatasuna.

Auto-determinatzea.

Autoa gaizki aparkatu dudala onartzea.

Auto-kritikatzea.

Autoa gaizki aparkatzeagatik udal polizia batekin eztabaidatu dudala twitterren jartzea.

Auto-Bonboa egitea.

XXI. mendeko tabu politikoak baztertzea: ametsa, utopia, pentsamendu erradikala.

Auto-depilatzea.

**Pertsona normal bat egun normal batean kultura-zeini-egotzi lanetik atera eta gero ezin aparkaturik biribilgune berean bueltaka dabilela biribilgunearen erdian estatua dagoela ohartu eta geroko gomuta ez-normala:**

Estatua leku guztietan dago.

Parkeetan, biribilguneetan, plazetan, bidegorrietan.

Guztion ikusgarri, ohituraren poderioz begiratzeari utzi diogun arren.

Badagoenik ere ahaztu egiten zaigu gehienetan, baina hor dago.

Parkeetan, biribilguneetan, plazetan, bidegorrietan.

Estatua.

Halako edo bestelako pertsonaren lorpen historikoen neurrira eginak badaude ere, estatuak ahanzturaren sinboloa dira, gero eta gutxiagok oroitzen duelako zergatik dauden hor.

Estatuak, berez, ez du oroitzeko gaitasunik.

Estatua oinak beti hotz dituen egitura bat da.

Parkeetan, biribilguneetan, plazetan, bidegorrietan.
Estatua beti geldirik dagoen egitura pisutsua da.
Herriz egina bada ere, harriz egina delako.
Estatuak une jakin batean hura eraiki duen jendarte batek duen beharrari erantzuten dio.
Baina geure buruei galdetu beharko genioke, barkatu ausardia, zenbat denboraz zenbat jendek oroituko duen zergatik dagoen estatua hor.
Zeren iraupena bermatzen duen noren izenean eta, batez ere, zer ahaztearen truke egongo den hor irauteko prest.
Beraz, ados, jar dezagun estatua gure bizitzaren erdigunean.
Izan dadila une jakin batean gure iraun-nahiak behar duen sinboloa edo tresna.
Jar dezagun estatua gure bizitzen erdigunean.
Baina has gaitezen berehala galdetzen, barka ausardia, zenbat belaunaldi beharko diren estatua sortu dugunon nahia, estatua hor egoteko arrazoia, ahazteko.
Eta, batez ere, galde diezaiegun parkeetan, biribilguneetan, plazetan, bidegorrietan jarri ditugun estatuei, zein hizkuntzatan mintzo diren haien harrizko ezpainak.
Jar dezagun estatua gure bizitzen erdigunean, jar dezagun leku guztietan.
Garaiz galdetu beharko diogu geure buruari, barka ausardia, nolako estatua nahi dugun: behin estatua sortuta, oinak hotz dituen harrizko zera mugiezin bat besterik ez delako izango.
Beraz, galde diezaiogun geure buruari, barka ausardia:
zer-noiz-non-norekin-nork. ZERTARAKO-NOLA-ZERGATIK.
zer-noiz-non-norekin-nork. ZERTARAKO-NOLA-ZERGATIK.

zer-noiz-non-norekin-nork. ZERTARAKO-NOLA-ZERGATIK.
zer-noiz-non-norekin-nork. ZERTARAKO-NOLA-ZERGATIK.
zer-noiz-non-norekin-nork.
zer-noiz-non-norekin-nork.
zer-noiz-non-norekin-nork nork nork nork nork nork
nork nork nork

eta, batez ere, nola, zer hizkuntzan.

**Pertsona normal bat lanetik etxera modu normal batean iritsi ostean bezperako maitalearen telefono zenbakiari begira, deitu ez deitu erabaki bitartean, ahapeka kantatutako kantu ez-normala:**

«Arauak erabaki banizkion,
nerea izango zen,
ez zuen alde eginen.

bainan,
          honela
ez zen gehiago hautua izanen
eta nik...
          hautua nuen maite.
eta nik...
          hautua nuen maite».

**Pertsona normal batek bezperako maitalearekin taberna batean hitzordua jarri eta itxaron bitartean *ABC* egunkarian irakurritako artikulua: Los 10 mejores libros de autoayuda. Kurioski, estatua lortzeko liburu ezin aproposagoak iruditu zaizkio pertsona normalari:**

Como ganar amigos e influir en las personas.
Reinventarse.
¿Dónde está el límite?
Viaje al optimismo.
Las gafas de la felicidad.
La muerte: un amanecer.
El arte de no amargarse la vida.
El camino de las lágrimas.
Soy más lista que el hambre.
Tu sexo es tuyo.
Podemos.

*(A-k eta O-k harriduraz begiratu diote elkarri)*

Hautu-estimua. Hautu-laguntza. Hautu-determinazioa.

**Gaur pertsona normalak bakarrik hartu du oherako bidea, bezperan ezagututako maitaleak berarekin gaua ez pasatzeko hautua demokratikoki errespetatu ostean. Pertsona normalak, gauaren ertzean, ispilu normal baten aurrean hortzak garbitu bitartean egindako gogoeta ez-normala:**

Gu pertsona normal bat gara.
Pertsona normala: araua, legea, norma jarraitzen duena.

Gu pertsona normal bat gara, egun normal batean, normala denaz galdezka: zer naiz ni, emakumezkoa edo gizonezkoa edo queer edo trans edo dena edo ezer ez. Araua. Legea. Norma. Zertarako. Nola. Zergatik.

Pertsona normalek normala izateko, normalizatua izateko, norman integratzeko duten nahia denik eta gauzarik humanoena da.
Normatik ihes egitekoa, berriz, denik eta gauzarik normalena.

Eta nik, hautua nuen maite.
Eta nik, hautua nuen maite.

## III ATALA: IZKIRIATURIK (ETA ERREZITATURIK) TOPATU DUGUN GURE POEMA BAT

### JOSE LUIS OTAMENDIREN *KAPITAL PUBLIKOA* (SUSA, 2014) LIBURUTIK POEMA BAT: HAUTUA

Aterpe herbala du jendeak munduan bere hitzak gabe
zelan adierazi behar du minen duena
zelan hostogabetuko egutegiak
eta zelan azaldu beste fase batera
egin nahi lukeela jauzi
joko arriskuz bete honetan...
eta inork badio geu izateko
geure hitzez beste egitea dela bidea
esango diot neuk nahi dudala
hautatu neure galbidea
ez naizela inoiz izango
maite ez dudan ortzi baten txori kantaria
eta behartuta ez bada
ez naizela biluztuko
neure gogoaren kontra inoren aurrean

euskaraz bizi nahi izaten dut batzuetan
ehuneko handi samar batean
badakit ni ez naizena ez hizkuntza bat

ez bandera bat ez herri bat:
ni bakarrean ezer gutxi den euskalduna naiz
bakarrean ezer gutxi naizen euskalduna da ni
ez guardasol bat adina
ez errezeta bat besteko
ez abesti baten erdia
ehuneko handi samar batean
euskaraz bizi naizen euskalduna naiz
eta batzuetan zeharo harritzen nau
euskaraz bizi nahi izateko aukera izateak

ez dut euskararik behar bizitzeko
bizitzeko airea behar dut
arnasa hartu hainbat bider minutuko
bihotzak gorputzeko zokorik urrunenera
odol neurri bat punpa diezadan behar dut
eta gero beste hainbat osagarri:
lagunartea elkartasuna sexua asti pixka bat...
baina euskara ez dut den mendrenik ere behar
bizi ahal izateko
gosea eta egarria asetzea bai
estalpea giro ez denean
demaseko hotzari eta beroari aurre egitea...
gero bestelako alderdiak ere badira
nola diren jendetasun neurri doia
eta gauza ederren itxaropena
baina euskara ez dut behar bizitzeko

mintzo naizen euskara
idazten dudan euskara
ametsak eragin eta inoiz loa galarazten didan hori
hautu libre bat da niretzat
bizitzea ez bezala...
bizi ahal izateko
maitasuna gorrotoa eta lana
agian beharko ditut noizbait
baina euskararik ez dut inoiz beharko bizitzeko
eta hain juxtu
ehuneko hainbesteko batean
bizi nahi dut euskaraz
derrigorrik ez dudalako

bizi naiteke beste hizkuntza batean
eta hala bizi naiz ehuneko esanguratsuan
baina nik euskaraz bizi nahi dut
portzentaje handiagoan hala nahi badut
edo portzentaje txikiagoan gogoak ematen badit
ez hobea izango naizelako hala
ez inoren on-gaitzak osatuko direlako horrekin
baizik eta nazio puska txiki bat naizelako
eta ni naizen nazio zatitxoa izateko
ehuneko hainbesteko batean
euskaraz bizi nahi dudala deliberatu dudalako
horren derrigorrik ez dudalako naiz euskalduna ni

bakarrean ezer gutxi den euskalduna naiz
bakarrean ezer gutxi naizen pertsona da ni
eta hitzek beti naramate norbaitengana.

# Ate etzana

# ATE ETZANA

## (NEGOZIAZIO MAHAI BAT)

2010ean enkarguz idatzitako testua, abiapuntu honekin: «Bi pertsona eta mahai bat». Garai hartan Ander Lipus eta Miren Gaztañaga aktoreak Gose taldearekin proiektu eszeniko bat egin nahian zebiltzan, hainbat idazlerekin elkarlanean. Proiektua ez zen aurrera atera, baina testua idatzia geratu zen.

A *(itolarri faltsuz, mahaiari kolpeka)*: Zergatik dago etzanda ate hau?!?

B *(Anariren kanta abestuz)*: Ateak sartzeko ala irteteko dira?, esadazu...

A: Nolakoa litzateke aterik gabeko mundua?!?

B: Handiegia.

A: Nolakoa litzateke aterik gabeko mundua!?

B: Itogarria.

A: Itogarria?

B: Askeegia.

*(Isilunea)*

A: Oheak ere etzanda daude. Ate hau bezala.

B *(Anariren kanta abestuz)*: Oheak sartzeko ala irteteko dira?, esadazu...

A: Hilkutxak ere etzanik daude. Leihoak dituen hilkutxa ote da hau?

B: Etzanda egotea bizirik egotea da. Ohea da maitaleen eta ameslarien atea.

A: Etzanda egotea hilik egotea da!?

B: Etzan gaitezen!

*(Isilunea. A mahaiaren gainean etzanda beheraka, B mahaiaren azpian etzanda goraka, biak oihuka)*

A: Eeee!
B: Aaaa!
A: Eeee!
B: Aaaa!

*(Isilunea. Eseri aulkietan)*

B: Onartu dezagun errealitatea. Hau mahai bat da.
A: Zertarako dira mahaiak?
B: Jateko.
A: Gauzak jartzeko.
B: Idazteko.
A: Larrua jotzeko.
B: Gatazkak konpontzeko.
A: A, bai?
B: Bai! Eratu dezagun konponbiderako...
A: ... elkarrizketarako...
B: ... eztabaidarako...
A: ... elkarbizitzarako...
B: ... negoziaziorako...
A: MAHAIA!!!

*(Mahaia lekuz aldatu, eseri. Isilune luzea)*

A: Eta orain?
B: Orain... hau bakea.
A: Hau asperdura.
B: O.

A: Bai.

*(Isilunea)*

A: Zer gatazka mota konponduko dugu mahai inguru honetan?

B: Pertsonen artean samina sortzen duten gatazka mota guztiak konponduko ditugu.

A: Adibidez?

B: Zerrenda luzea da. Adibidez... dutxako ileak ez jasotzeagatik sortzen den gatazka, hortzetako pastaren hodia aurretik hasteagatik, komunean pixa zutik edo eserita egiteagatik sortzen dena... neguan larrua jo ostean pijama jantzi ala ez, neguan larrua jo ostean dutxa hartu ala ez, larrua jo ostean zigarroa erre ala ez...!

A: Horiek al dira gatazkak?

B: Gutxiagogatik sortu dira mundu gerrak eta gerra mundialak.

A *(berriro itolarri faltsuz mahai gainari joka)*: Zergatik dago etzanda ate hau! Etzanda egotea hilik egotea da!

B: Nahikoa da. Ez esan tontakeriarik. Dutxako ileena konpontzea lortuko bagenu, gosea, hondamendi ekologikoa, hizkuntzen erailketa eta euskal gatazka konponduko genituzke.

A: Euskal gatazka?

B: Euskal gatazka. Elkarbizitza komunean hasten da.

A: Kaka.

B: Bai.

*(Isilunea)*

A: Maita nazazu. Maita nazazu hilik banengo bezala. Maita nazazu. Maita nazazu betiko biziko ez bagina bezala.

B: Ez.

A: Ez?

B: Ez dakit.

A: Ez dakit?

B: Bai.

*(Isilunea)*

A: Maita nazazu! Uki nazazu!

B: Ukitu zaitut begiekin. Ez duzu nahikoa?

A: Ez.

B: Eta zer egingo duzu? Maitatzera derrigortu?

A: Ez. Ez naiz konstituzionalista...

B: Negoziazioa.

A: Negoziazioa.

*(Mahaian aurrez aurre jarri, «adi» jarreran)*

B: Ni.

A: Zu.

B: Gu.

A: Ez gara gu.

B: Ez gara gu.

A: Zatoz.

B: Ez nauzu.

A: Zintuzket?

B: Naizena, besterik ez.

A: Nintzena zara.

B: Zarena diozu.
A: Gatoz.
B: Zoaz.
A: Agian...
B: Ez dakit.
A: Bagara.
B: Ezin dut.
A: Zaitut.
B: Inoiz ez.
A: Bai.
B: Ez.
A: Eta?
B: Edo...
A: Mesedez.
B: Zurea.
A: Gurea.
B: Ez nator bat.
A: Zarelako...
B: ... nauzu.
A: Garelako...
B: ... zara. Zu eta ni ez gara gu!
A: Mus.
B: Mus.
A: Zu eta ni ez gara gu. Baina ni banaiz gu!
B: Zu eta ni. Horrela laburtu litezke gatazka guztiak.
A: Zu eta ni.
B: Gatazka!
A: Gu?
B: Gu ez gara gu.
A: Zu eta ni.
B: Zu eta zu.
A: Ni eta ni?

B: Ni eta ni ez gara bi.

*(Isilunea. Hasierara buelta)*

A: Zergatik dago etzanda ate hau?!?
B *(Anariren kanta abestuz)*: Ateak sartzeko ala irteteko dira?, esadazu...
A: Nolakoa litzateke aterik gabeko mundua?!?
B: Handiegia.
A: Nolakoa litzateke aterik gabeko mundua!?
B: Itogarria.
A: Itogarria?
B: Askeegia.

*(A-ren diskurtsoaren tonua in crescendo joango da)*

A: Beldurra dudalako naiz maitatzeko gai.
Ez dut hitz handirik nahi, ez dut hilik jaioko den mundurik nahi.
*(Jostalari, pozik)*
Gauza inportante guztietara iristen naiz berandu. Eta harro nago.
Gaur berandu da. Neure buruaren esklabo izateko berandu.

*(B-ren diskurtsoaren tonua in crescendo joango da)*

B: Ez dut negar egiteko astirik.
Ez dut nahi hitz handirik, ez dut nahi bizirik jaioko den hildakorik.
*(Jostalari, pozik)*
Askatasunari lotuko natzaio, askatasunaren esklabo izango naiz.

Kateatzen ez zaizkidan pertsonak maitatuko ditut soilik.

A: E! Konturatu al zara? Mahai hau borobila da!

B: Karratuak diren gauza madarikatu guztiak dira borobilak.

A: Orduan... hasiko al gara berriro?

B: Bai.

A: Zergatik dago etzanda ate hau!?

B *(Anariren kanta abestuz)*: Ateak sartzeko ala irteteko dira?, esadazu... maite duguna zergatik suntsitzen musuz musu...

# Maite zaitut oraindik

# MAITE ZAITUT ORAINDIK

Txistuak jo dituzute bainan
maite zaituztet oraindik.

XALBADOR

A: Hitz egin zertarako.

Ari naiz.
Banabil.
Zaude.

Esku batean kabitzen zaizkizu nire barrabilak.
Niri zure burua.
Edo are gutxiago,
zure ahotsa.

Berdin dio barrabilak ditudan ala ez.
Berdin dio jan egin dizkidazun,
ikus ditzaket zure begietan.

«Eta maitasuna?», galdetuko duzu.
Galdetu, nahi baduzu.
Edo ez.
Ixo.
Ez da momentua.

Oraindik gogoan dut.
Nola ahaztu.
Ezustean harrapatu ninduzun unea.
Bai.
Nola ahaztu.
Bai.
Min eman zenidan.
Min.
Bai.
Eta barre egin zenuen.
Barre.
Min.
Bai.

Ikus dezaket.
Entzun dezaket.
Senti dezaket.
Herenegun gertatu balitz bezala.
Bizkarrean.

*(Isilunea. A-k B-ri zer edo zer egiten dio fisikoki)*

Sentitzen duzu hau?

*(Isilunea)*

Gustuko ditut baleak.
Baina ez dut sekula balea bat ikusi.
Nola izan dezaket gustuko sekula ikusi ez dudan zerbait?
Baleak.
Gustuko ditut baleak batez ere haurren marrazkietan.

Nolakoak dira baleak haurren marrazkietan.
Agian ez ditut gustuko baleak.
Agian haurren marrazkiak ditut gustuko.
Balea beltzak.
Balea horiak.
Balea gorriak.

*(Isilunea. A-k B manipulatzen du fisikoki)*

Sentitu duzu inoiz izerdia begietan sartzen?
Bai?
Eta ezingo bazenu izerdia begietatik kendu?
Eta eskuak lotuko banizkizu?
Eta izerdia begietan sartuko balitz
ikusten duzun guztiaren parte izateraino?

*(Isilunea)*

Nik askatasuna maite nuen.
Ez dakit inork nik baino gehiagotan hitz egin ote duen askatasunaz.
Aske izan nahi duen oro babestu dut beti.
Askatasunaren askotasuna defendatu dut beti.
Baina zer egin besteen askatasuna zeurean sartzen denean,
birus baten moduan.
Askatasuna da izurri berria.
Zer egin bestearen askatasunak zeurea kutsatzen duenean.
Zer egin bestearen askatasunak zeurea irensten badu.
Non hasi, non amaitzen da norberaren askatasuna?

*(Isilunea)*

Parlamentua, senatua.

*(Isilunea)*

Twitter, Facebook.

*(Isilunea)*

Zu nahi zenuena esateko aske izan zara.
Neuri buruz esan nahi zenuen guztia esateko aske izan zara.
Orain ere aske zara nahi duzuna esateko.

*(A-k B estutzen du fisikoki)*

A, ez duzu nahi?

*(Isilunea)*

Nahi duzu nire askatasuna ezagutu?
Nahi duzu jakin zer egingo dudan neure askatasunarekin?
Ez iezadazu begiratu pertsona bat bazina bezala.
Zergatik ez zenidan zuk niri horrela begiratu
zure askatasunarekin nire titiak estutu baino lehen?

*(Isilunea)*

B: Eta maitasuna?

A *(barre egiten du)*: «Eta maitasuna?» diozu?
Ai, maitasuna...

50 urteko gizonezko homosexualak Mediterraneoko kostaldean.
Malenkoniaz irudikatzen ditut haien zakil zurrunak.
Hunkitzen naute.
Nazka ematen didate.
Hunkitzen naute.
Maite ditut.
Ez ditut maite.
Bost axola zaizkit.
Munduko gauzarik garrantzitsuena iruditzen zaizkit.
Ahoan sartuko nituzke ile zuriz inguraturiko haien zakilak.
Ez nituzke ahoan sartuko.
Haien ondoan eseriko nintzateke abuztuko arratsalde gorietan
begietara begiratu
eta zera galdetuko nieke:
nor zara aske zarenean?
Ezkutuan dabilena ez ote da askeago?

*(Isilunea)*

Zure zakila ez dago zutunik.
Ez duzu zakilik?

*(Isilunea)*

«Eta maitasuna?».
«Eta maitasuna?».

Inoiz maitatu duen oro da II. Mundu Gerraren osteko judu bat XXI. mendeko Palestinan.

*(Isilunea, pentsakor)*

Batzuetan ez dakit barre egin behar dudan nire okurrentziekin,
edo negar.
«Eta maitasuna?».
«Eta maitasuna?».
Zer da maitatzea,
askatasunak barrabilak jaten dizkizunean,
askatasuna titi bat erre dizun zigarroa denean.
Arerioek eragiten dizuten minetik babestu zaitezke,
baina nola babestu maite dituzun pertsonek egiten dizuten minetik?
Nola gorrotatu maite duzun norbait?
Nola askatu maite duzun norbaitengandik?

*(Isilunea)*

Nahiago zaitut zu.
Errazagoa zait askatasuna praktikatzea zurekin.

Zure begirunea desiratu dut.
Luzez.
Gorroto ninduzulako.
Mespretxua adierazten zenidalako.
Ba ote arerioaren maitasuna desiratzea baino gauza humanoagorik.
Jipoitu ninduzun arte.
Arropa erantzi eta

jendez betetako azoka baten erdian abandonatu ninduzun arte.

*(Isilunea)*

Gogoan duzu?
Orduan bilakatu zen gure maitasuna
atzerabiderik gabeko zauria.
Orduan hasi ginen hitz egiten askatasunaz.

*(Isilunea)*

Aske zara nahi duzuna esateko.
Ez duzu nahi?
Hor konpon.

*(Isilunea).*

Inoiz izan garen haurren argazkiei begiratzea
hildakoen argazkiak begiratzea bezala da.
Inoiz izan garen haurren argazkiei begiratzea
ez dagoen norbaiten bila aritzea da.
Hildakoen zerrendei gehitu behar genizkieke
guztiok inoiz izan ginen haurren izenak ere.
Zergatik?
Horiek ere jada ez daudelako,
desagertu direlako eta garelako.
Denborak zauritutako pertsona askeak gara orain.
Minaren memoria.
Mina oroitzeko askeak.
Horra.

*(Isilunea. A-k B-ri zer edo zer egiten dio fisikoki)*

Sentitzen duzu hau?

*(Isilunea)*

Nire askatasunaren beldur zara orain?

*(Isilunea)*

Ikusten duzu orbain hau?
Hemen.
Bai, hauxe.
Muxu batek utzi zidan marka hau.
Saiatu naiz kirurgiarekin,
saiatu naiz makillajearekin,
saiatu naiz errotuladoreekin.
Ezer ez.
Eta honako hau?
Besarkada batek.
Azalaren kolorea aldatu zait ordutik.
Galdetu diet medikuei,
tatuatzaileei,
zezen hiltzaileei,
eta ez dakite zer egin.
Eta hau berriz, o, hau,
honekin ere ez dago zer eginik.
Orbain hau zoriontasunezko malko batek sortu zidan,
malko eder, ahaztezin horietako batek.
Munduko itsaso gatzatu guztietan bainatu naiz, kenduko zelakoan,
eta hortxe jarraitzen du.

Begira honi.

Honek zure izena darama.
Ezin zenuen izen laburragorik eduki?
Ezin zinen Eki deitu, edo Haitz, ezin zenuen silaba bakarra eduki ni markatzeko?
Nork jarri zizun zortzi silaba dituen izena?
Ez zaizkit letrak orbain honetan kabitzen.

*(Isilunea)*

Badakizu zer?
Nire izena ondo geratuko da zure azalean.
Baina ez dizut bizkarrean jarriko.
Ahoaren barruan idatziko dizut, tinta gorriz.
Hitz egiten duzun bakoitzean esaten duzun oro nire izenetik pasako da.
Zer iruditzen zaizu?
Ideia ona da, ezta?
Sortzailea.
Baina ez pentsa mendekua denik.
Justizia besterik ez da.

*(Isilunea)*

Ni beti izan naiz besteen alde edozer egiteko prest egon den pertsona.
Baina inor gutxi dago besteen alde edozer egiteko prest daudenen alde edozer egiteko prest.
Zertan galdu dut nik denbora?
Sentimenduak agertzen.

Sentimenduak agertzen dituena ahula da ustez.
Emozioa ez da politikoa.
Emozioa ez da estrategikoa.
Emozioa ez da.
Eta ez denak beldurra ematen du.
Emozioak beldurra ematen du.
Eraso egin behar zaio emozioari.

B: Ulertzen dut.

A: Zer esan nahi duzu horrekin?
Hitzak, hitzak, hitzak.
Zer esan nahi duzu hitzekin?
Hitzak, hitzak, hitzak.
Entzun nahi dudana esango duzu orain?
Hitzak, hitzak, hitzak.

B: Ulertzen dut. Sentitzen dut.

A: Bibliarekin joko zaitut buruan.
Koranarekin astinduko dizut aurpegia.
Autolaguntza liburu batekin apurtuko dizkizut behatzak.

B: Ulertzen dut. Sentitzen dut. Barka iezadazu. *(Isilunea)* Nik barkatzen zaitut.

A: Joder. Hollywood. Joder.

*(Isilunea)*

Gustuko dut belarrari begira egotea, adi eta luzaz.

Zenbat milimetro neurtzen duen zenbatzen dut, egunero.
Baina ikusi, milimetroen mugimendua ikustea, ez dut sekula lortu.
Ezin dut belarra hazten ikusi, luzaz begiratu arren.
Baina badakit hazten dela.
Belarra hazten den bitartean munduak bizirik jarraitzen du.
Maite ditudan pertsonen gorputzak bezala.
Haiei so egoten naiz luzaz.
Ezin dut sumatu begien azpiko arrakalak zabaltzen zaizkien unea,
ile zurien kopurua handitzen zaienekoa,
edo pisuaren gorabeherak,
ile eta azazkal eta azal lehorren orbela.
Maite ditudan pertsonek lo egiten dutenean haiei so egoten naiz.
Eraldatzen doaz, mina minaren gainean pilatuz doaz.
Eta arnasten duten bitartean, pentsatzen dut:
munduak bizirik jarraitzen du.

*(Isilune luzea)*

Aurpegia ezabatuko nizuke oraintxe bertan.
Betiko isilarazi.
Baina orduan zer zentzu luke askatasunak.

*(Isilunea)*

Ez dut askatasunaren gatibu izan nahi.

*(Isilunea)*

Ez dut nire askatasuna zurekin xahutuko.
Zoaz.
Libre izan nahi dudalako askatzen zaitut.

B: Min eman didazu, baina maite zaitut oraindik.

A: Nik ere, maite zaitut oraindik.

*(Geldiunea)*

Zoaz, eta konta ezazu.
Parlamentuan, senatuan.
Twitterren, Facebooken.

*(Geldiunea)*

Elkartasuna probokazioa baino probokatzaileagoa da.

*(B badoa. A landare baten aurrean paratu da, ureztaontzi batekin. Luzaz egon da geldirik landareari begira. Bere burua ureztatzen hasi da. Luzaz egongo da horrela, ura gainean isurtzen, landaretik begirada kendu gabe. Ura amaitzen hastean, ilunera goaz)*

# Minari buruzko solasaldiak

Antzezlan hau 2016ko udaberrian estreinatu zen
teatro-errezitaldi modura.

Aktoreak:

AINHOA ALBERDI

AMAIA CORRAL

JOSEBA ROLDAN

OIER GUILLAN

## 1. MATERIALAK TALDEAN SORTZEKO PROPOSAMENA

Obra honen sortze prozesuan lan egiteko proposamena: aktore bakoitzak landu dezala bere minaren ikuspegi propioa. Proiektuan parte hartzen dutenen minari loturiko ideietatik abiatu testu berriak ekartzeko, dauden testuak berridazteko, irudi poetiko fisikoak sortzeko.

«Gomutak» ataleko testuak testu-material gisa erabili daitezke, edo ez. Inprobisazioak edo irudi poetikoak sortzeko abiapuntua izan daitezke agian.

«Elkarrizketak» ataleko testuak taldeak erabaki bezala erabili daitezke: bi aktorek jokatzeko modukoak izan daitezke, edo bi aktorek baino gehiagok erabiltzeko modukoak, dramaturgiaren arabera. Hauek ere testu-materialak dira, baina indar gehiago daukate elkarrekin «serie» berean, banaka baino.

## 2. HASIERAKO IRUDIA

Mina sentitzen duen jende multzo bat; bakoitzak mina sentitzen du gorputz atal batean.

1.

Min motak:

Oinetako mina
Besoetako mina
Lepoko mina
Barrabiletako mina
Hezurretako mina
Buruko mina
Obarioetako mina
Titietako mina

Atzazaletako mina
Ileetako mina
Belarriko argizariko mina
Eskuetako arrakaletako mina
Zilborreko hautsaren mina
Mukietako mina
Zoldako mina
Ile zurietako mina
Gizon titiko mina

Amesteko gaitasun fisikoak ematen duen mina
Buru-barruko mina

2.

Atzoko egunkariko titular bat tatuatu dut azalean. Jakinik ahaztu egingo dudala. Mina sentitu dut une batez, azalean. Atzoko titularra tatuatzean. Herriko jaietan ahaztu dut gero mina. Zenbat irauten du norberarengan besteek sentitzen duten minak?

Israeldarrek palestinar bat akabatzen duten aldiro ile zuri bat ateratzen zait. Israelek akabatzen nau ni ere? Nor akabatzen du Israelek? Nor da Israel? Israelen bizi den jendea Israel da?

Israelek jendea akabatzen duenean norengan sortu nahi du mina? Israel gupidaz beteriko estatu bat da. Jendea akabatzeko joera du torturatzekoa baino gehiago. Izan ere, ez al da inor torturatzea hura akabatzea baino gogorragoa? Sufrimendua betikotzea ez al da hiltzea bera baino okerragoa?

Zenbat jende dago hitz hauek idazteko aukerarik gabe? Zenbat jende dago antzezlan hau ikusteko aukerarik izango ez duena? Zapaltzailea naiz ni ere? Eta nola edo hala zapaltzailea baldin banaiz, zer egin dezaket?

Zer-nolako mina sortzen dit honek guztiak? Zer egin dezaket min honekin guztiarekin? Ezer ez?

Elkartasuna ezinezkoa da? Zenbat minzulo estaltzen ditu niregan elkartasun minutu batek? Manifestazio batek?

Elkartasuna mina sendatzeko modu bat da, edo mina ezkutatzeko tresna bat?

Errazkeria da esaten ari naizen hau? Zer irabazten dut nik honekin? Zein da obra honetako katxeta? Zertarako biluzten naiz?

Zertarako balio du besteen minak? Zertarako balio du besteen mina ikusita nik sentitzen dudan minak? Zertarako balio du nire minak?

Zer dago besteen minaz niregan?
Ezer ez. Dena. Ezer ez. Dena.

3.

Mina dut ukabilean.

X-k entzun nahi ez nuen zerbait esan zidan.
X-k esan zidan: «Jada ez didazu deitzen».
X-k beti nahi du ni hor egon nadin berak behar duenean, baina inoiz ez daki noiz behar dudan bera nik.
X-k esan zidan nirekoia naizela, bakarrik utzi dudala, behar nauela.
X-k ez dit inoiz galdetu nola sentitzen naizen.
X-k ez daki nor naizen.
Baina behar nau, ez du beste inor X-k.
X-k bere minaren, bakardadearen, eztularen eta zotinaren erantzule egin nau. Abandonatu dudala, behar nauela dio X-k.
Bere minaren, bakardadearen, eztularen eta zotinaren errudun egin nau X-k, egoista naizela dio X-k.

Mina dut ukabilean.

Berotu egin nintzen, oihu egin nuen, eskailerak zientoka jaitsi nituen, negar egin nuen, ostia bat jo nion zaborraren kontainer bati. Eta sekulako mina hartu nuen. Eskua apurtu nuen. Norena da errua?

Nirea edo X-ena?

Orain ezin dut manifestazioetan ukabila altxatu.
Eskua hautsi dut.
Orain ezin dut X besarkatu.

4.

Gorputzeko zein ataletan ezin da minik sentitu?
Ba ote gorputzean minik sentitzen ez den atalik?

Sentitu daiteke beste norbaitena den mina?
Beste norbaiten minaren aurrean, zer-nolako mina da norberak sentitzen duena?

Zergatik egiten zaio ixkin besteen minari?
Mina kutsakorra den beldur?
Kutsatu daiteke mina?
Mina izurrite bat da?

5.

Badira norberarenak ez diren norberaren minak

–ilearen koloreaz gain,
atzazalen argitasunaz gain,
azalaren tonuaz gain,
bortxatua,
torturatua,
umiliatua,
desagertua izan denaren mina.
Haren ondorengoen ahotsean, isiluneetan,
mundu ikuskeran irauten duen mina–.

Badira norberak heredatzen dituen norberarenak ez diren minak.

6.

Kafetera italiar bat ixteko modua adibidez.
Nire etxean kexu dira kafetera italiarrak izugarrizko indarrez ixten ditudalako.
Behin erabili eta gero, garbitu nahi duenak ezin du ireki nik itxi dudanean.
Nire etxean kexu dira kafetera italiarra beti –salbuespenik gabe– fuerteegi ixten dudalako, eta gero haiek ezin dutelako ireki-garbitu-erabili.
Goiz batez, ez dakit nola edo zergatik edo zertarako, irudi bat etorri zitzaidan burura.
Txikitan, urte batzuk pasa genituen pobreziaren mugan. Bai. Gogorra da esatea, baina errazago egiten zaigu urrun, oso urrun pobreak daudela onartzea, zure

senide edo lagun bat pobrea dela onartzea baino. Ba gu etxean pobreak ginen. Edozein gauza txiki erostea sekulako erronka zen. Garai bat eman genuen zeinetan kafeterak goma hautsia zuen eta ezin genuen berria erosi. Zenbat balio du egun goma batek, 50 zentimo? Ba guk ezin genuen erosi, eta goma hautsia zegoenez, kafea egiten genuen bakoitzean ura atera egiten zen; kafea egitea lortzen genuenerako, uraren erdia kanpoan zegoen.

Orduan hasi nintzen kafetera italiarrak estutzen, bihurritzen, ezintasuneraino buelta ematen.

Eta ordutik estutzeko ohitura geratu zait, hainbeste estutzearen arrazoia ahaztu dudan arren.

Gaur arte.

Zer gertatuko litzateke nire seme-alabei kafetera italiarrak estutzeko ohitura nahi gabe irakatsiko banie? Beraiek bizitza osoa kafetera italiarrak estutzen emango balute, ohitura horren oinarrian zer dagoen jakin gabe?

# III ELKARRIZKETAK

1.

A: Kaixo.
B: Kaixo.
A: Nor zara zu?
B: Baita ni ere.

*(Isilunea)*

A: Mina arindu dezakezula entzun dut.
B: Nik?
A: Medikua zarela entzun dut?
B: Ni?
A: Bai.
B: Non entzun duzu?
A: Ez dakit. *(Geldiunea)* Mina dut besoan.
B: Non?
A: Hemen.
B: Hori ez da besoa.
A: Badakit. Tontoa naizela uste duzu?
B: Baina mina besoan duzula esan duzu.
A: Eta hala da.
B: Baina hori ez da besoa.

A: Zer esan nahi duzu, gezurretan ari naizela? *(Geldiunea)* Min eman dit horrek. Bihotzean. Zu ez al zara medikua?

B *(geldiunea)*: Ba, egia esan ez. Ni performerra naiz.

A: Eta horrek mina kentzen du?

B: Ez dakit.

*(Isilunea)*

A: Aizu, mina dut besoan.

B: Baina hori hanka da.

A: Badakit hanka dela. Ez duzu ikusten nire egoeraren larria? Ez duzu ezer ulertzen? Mina dut besoan, baina besoko mina hanketatik ateratzen zait. Min honekin ezin dut ezer egin. Ezin dut inor besarkatu. Eta ezin dut hanka egin.

*(Isilunea)*

B: Noiz hasi zitzaizun mina?

A: Bihar.

2.

A: Kaixo.
B: Kaixo.
A: Zer moduz zaude?
B: Oso ondo. Sekulako mina dut hemen.
A: Non?
B: Hemen.

*(Ez du ezer seinalatzen)*

A: Baina non?
B: Hemen. Ez duzu ikusten?
A: Ez.
B: Hori depilatu dudalako da.
A: Depilatu?
B: Bai.
A: Zer depilatu duzu?
B: Mina.
A: Mina depilatu duzu?
B: Bai. *(Isilune luzea)* Baina berriro haziko da.
A: Hazi zer?
B: Mina.
A: Non?
B: Hemen.
A: Baina non?
B: Hemen.
A: Eta zer nahi duzu?
B: Ezer ez.
A: Zertara etorri zara?
B: Zurekin egotera.
A: Baina ez nauzu ezagutzen.
B: Badakit.
A: Orduan?

B: Orduan... zer?
A: Zergatik egon nahi duzu nirekin?
B: Ez dakit. *(Geldiunea)* O, bai, oroitu dut.
A: Eta?
B: Eta zer?
A: Zergatik egon nahi duzu nirekin?
B: Nire mina konpartitu nahi dut.
A: Norekin.
B: Zurekin.
A: Nirekin?
B: You-rekin yes-rekin.
A: Baina zergatik.
B: Zergatik zer?
A: Zergatik konpartitu nahi duzu zure mina nirekin.
B: Ez dakit. *(Pentsakor)* Ez daukat telebistarik.
A: A. (*Pentsakor)* Non duzu mina?
B: Ile zurietan.
A: Zurietan?
B: Zurietan.
A: Zurietan soilik?
B: Zurietan soilik.
A: O. Zureak dira zuriak?
B: Nireak dira nireak.

*(Isilunea)*

A: Eta zer egiten duzu ile zuriekin kendu eta gero? *(Besteak ez du erantzuten)* Zer egiten duzu minarekin mina kendu eta gero?

B *(pentsakor)*: Poltsa batean gorde eta jan. *(Ezustean oihu egiten du. Segituan, oso lasai)* Mina eguneko menu gehiegitan dago. Nork ez du ile bat topatu ezustean platerean?

3.

A: Kaixo.
B: Kaixo.
A: Nor zara zu?
B: Baita ni ere.

*(Isilunea)*

A: Mina arindu dezakezula entzun dut.
B: Nik?
A: Medikua zarela entzun dut.
B: Ni?
A: Bai.
B: Non entzun duzu?
A: Harategian.
B: Harakinak esan dizu?
A: Ez, arkumeak.
B: O.
A: Bai.

*(Isilunea)*

B: Eta non duzu ba mina?
A: Mina arindu dezakezu?
B: Ez, baina medikua naiz.
A: A.
B: Bai.
A: Mina dut arropetan.
B: Arropetan?
A: Arropetan.
B: Nola da posible hori?
A: Ez dakit.

B: O.
A: Bai.

*(Isilunea)*

B: Mina sentitzen dut alkandora honetan. Botaka egiten dut galtzetako poltsikoetatik. Zapatetako zoletan ziztadak bezalakoak sentitzen ditut. Pixa egiten dudanean kuleroetan azkura sentitzen dut. Begira, txanoa hemen gordeta daramat. Janzten dudan bakoitzean sekulako mina izaten dut txanoan, eta ezin dut jasan.
A: Ni ez naiz Hassan.
B: Hassan?
A: Ezin dut, Hassan, esan duzu.
B: Ez, ez, ezin dudala jasan. Tontotuta zaude ala?
A: Ala? Ez, ez, ni ez naiz islamiarra. Baina batzuetan izan nahi nuke.
B: A, bai? Zergatik.
A: Alfonbretako mina dudanean, otoitz egiteak izugarri lasaitzen nau.
B: A.
A: Bai.
A: Eta orduan zer?
B: Zer?
A: Zer egin dezaket arropetako minarekin?
B: Ez dakit. Biluzi?
A: Hori ideia ona da. Baina alergia diot hotzari.
B: Benetan?
A: Bai. Biluzten naizen bakoitzean dominstikuka hasten naiz. Nire bikotekideari aurpegia busti egiten diot larrua jotzen dugun aldiro. Edo ilea, segun posizioa. Azkenaldian «palestino» bat jarrita jotzen dugu larrua.

B: O.
A: Bai.
B: Orduan arropetako gripea izango da.
A: Eta? Zer egin dezaket?
B: Garbigailuan sartu.
A: Arropa?
B: Ez, zu zeu.
A: O.
B: Bai.

4.

A: Kaixo.
B: Kaixo.
A: Zer moduz zaude?
B: Oso ondo. Sekulako mina dut hemen.
A: Non?
B: Hemen.

*(Isilunea)*

A: Zu masajista zara?
B: Zara?
A: Buruko mina daukat.
B: Daukat.
A: Hemen masajista zarela dio.
B: Dio.
A: Nik buruko mina daukat.
B: Daukat.
A: Baina ez daukat buruan minik.
B: Minik.
A: Niri pentsatzeak egiten dit min.
B: Min.
A: Eman diezadakezu masaje bat pentsamenduetan?
B: Pentsamenduetan?
A: Zu ez al zinen masajista?
B: Masajista?
A: Zergatik errepikatzen duzu esaten dudan esaldi bakoitzeko azken hitza?
B: Hitza? *(Geldiunea)* Gidoian jartzen duelako.
A: Eta gidoiko esaldiak aldatzen baditut?
B: Baditut?
A: Adibidez, lehen jartzen zuen: eman diezadakezu masaje bat gaueko ametsetan? «Ametsetan» zen

azkeneko hitza, zuk errepikatuko zenuena. Baina nik orain esango dut: ez ditut gustuko tela akrilikoekin egindako «pijamak». «Pijamak». Ea, zer errepikatuko duzu?

B: Duzu?

A: Joder.

B: Joder.

A: Ez dakit zer ondorio atera egoera honetaz.

B: Honetaz.

A: Baina, aizu, askoz hobeto sentitzen naiz.

B: Naiz.

A: Buru barruan masaje bat eman izan bazenit bezala.

B: Bezala, bezala, BEZALA. *(Otoitz «islamiko» bat egiten hasten da, arabieraz jakin gabe)*

5.

A: Kaixo.
B: Kaixo.
A: Nor zara zu?
B: Baita ni ere.

*(Isilunea)*

A: Txanda hartua daukat.
B: Zertarako?
A: Zurekin egoteko.
B: Benetan? Eta nola da posible hori?
A: Nola da posible zer?
B: Norbaitek zuri txanda eman izana nirekin egoteko. Zergatik egon nahi duzu nirekin?
A: Zu medikua zara, ezta?
B: Ba, kasualitatez, bai.
A: Ba, horixe.
B: Horixe zer.
A: Kontsulta egin nahi dizudala.
B *(geldiunea, pentsakor)*: A, tira, ondo da, ondo da. Zein da zure arazoa.
A: Ez dakit gaur arratsaldean zein pelikula ikusi. Zein aukeratuko zenuke zuk, «apokalipsis nau» edo «a poka elipsis guau».
B: Barkatu?
A: Barkatua zaude.
B: Ez dut ulertu.
A: Zer ez duzu ulertu?
B: Medikuaren kontsultara etorri zara hori galdetzera?
A: Hau kontsulta bat da, ezta?
B: Ba, bai.
A: Ba, nik hori kontsultatu nahi nuke.

*(Isilunea)*

B: «A poka elipsis guau». Zalantzarik gabe.
A: Seguru zaude?
B: Ez. Tori.
A: Zer da hau?
B: Ibuprofeno.
A: O.
B: Bai.
A: Eskerrik asko, hobeto sentitzen naiz. Banoa.
B: Bazoaz? Ondo, ni ere hobeto sentitzen naiz.

6.

A: Kaixo.
B: Kaixo.
A: Zer moduz?
B: Baita ni ere.

*(Isilunea)*

A: Gezurretako mina daukat.
B: Hezurretako mina?
A: Ez, gezurretako mina. Zu psikologoa zara, ezta?
B: Ba, egia esan ez, ni epilogoa naiz.
A: Epilogoa?
B: Bai.
A: Zer egiten dute epilogoek?
B: Gauzak beranduegi denean esplikatu.
A: Adibidez?
B: Adibidez, liburu bat txarra denean saiatu koartada kontzeptual bat garatzen. Adibidez, norabait berandu iristeko aitzakiak asmatu. Adibidez, pertsona bat hil ostean haren eguneroko sekretuak idatzi, familiakoek aurkitu ditzaten.
A: O.
B: Bai.
A: Orduan pertsona apropos zara ni laguntzeko.
B: A, bai?
A: Bai.
B: Zergatik?
A: Gezurretako mina dudalako.
B: Hezurretako mina?
A: Ez, gezurretako mina. Gezur bat esaten dudan bakoitzean barrezka hasten naiz, minez lehertzeraino.

B: Ea ba, proba dezagun.

A: Probatu zer?

B: Esan gezur bat.

A: Mmmmm... Espainiako Estatuan demokrazia dago. *(Barrez lehertzen da, sabeleko minez bukatzeraino)*

B: Interesgarria. Eta hori sendatu nahi duzu?

A: Bai. Ezin da gezurrik esan gabe bizi. Beharrezkoak dira gezurrak zoriontsua izateko. Ezinbestekoak dira gezurrak zoriontsua izateko. Eta nik zoriontsua izan nahi dut, beraz gezurrak lasaitasunez, serio, esan nahi ditut.

B: Ondo da, ondo da. Ba nik epilogo gisa ezin zaitut ezertan lagundu.

A: O. Eta lagun gisa?

B: O, lagun gisa bai. Baina ez gara lagunak.

A: Hori berehala konponduko dugu, nire bizitza kontatuko dizut: 1973an lehenengo aldiz egin nuen pixa komunean eserita, 1975ean nire lehen hitza esan nuen: «Australiako pitekus», eta 1977an jaio nintzen Baionan. Nire kolore faboritoa ez da existitzen, 273 kilo ken berrehun eta bat kilo pisatzen dut, «A poka elipsis guau» da nire film kuttuna. Zure txandal.

B: 1967an lehenengo aldiz egin nuen kaka komunean eserita, 1969an nire lehen hitza esan nuen: «Homo sapo», eta 1970en jaio nintzen Iruñean. Nire kolore kuttuna datorren urtean deskubrituko dute kobazulo batean, 2,73 metro ken bat koma bat metroko altuera daukat, «A poka elipsis guau» da nire film kuttuna.

A: Badugu zerbait komunean, beraz.

B: Lagunak gara, beraz.

A: Oso ondo. Orain posible nauzu lagundu?

B: Bai. Esan gezur bat.

A: Espainiako Estatuan diktadura ostean trantsizio politiko bat egon zen. *(Barrez lehertzen da, lurrean bukatzeraino)*

B: Mmmm... agian egiazkoak diren gezurrak esan beharko zenituzke sendatzeko.

A: O.

B: Bai.

A: Probatuko dut: egia da gezurra dela Espainiako Estatuan demokrazia dagoela.

B: Egia da gezurra dela Espainiako Estatuan trantsizioa egon zela.

A: Egia da gezurra dela gerra zibilean desagertutakoen zamarik ez duela gizarte honek.

B: Egia da gezurra dela askatasuna dagoela hemen.

*(Ez dute barrerik egiten)*

A: Ba, egia da, sendatu naiz: ez dit batere graziarik egiten.

B: Ezta niri ere.

# Bi ahots

Antzezlan hau irakurketa dramatizatu modura estreinatu zen 2006an 'Piezak' ekimenaren barruan. Ondoren, formatu berean eskaini zen hainbat aldiz 2007an, irakurketa dramatizatuekin osatutako 'HitzOntzia' izeneko emanaldiaren barruan.

Oholtzan:

URTZI URKIZU
OIER GUILLAN

Pertsonaiak:

A: PENTSALARIA
B: PAILAZOA

B: Bizi naiz!!!
A: Zer izan da hori!?
B: Bizi naiz!!!
A: Nor dabil hor?
B: Bizi naiz!!!
A: Nor zara?

*(Iluna. Isilunea. Argia gora pixkanaka, elkarri begiratu diote)*

B: Ahantzia uste zenuen hura.
A: Hura?
B: Hura.
A: Zein hura?
B: Ur hura. Egarria zuen hura.
A: Nik ez dut behar egarririk. Eskerrik asko.
B: Horregatik bizi naiz!
A: Egarririk behar ez dudalako?
B: Hain zuzen ere.
A: Ez dut ulertzen.
B: Ur hura agur esanez egurtu zenuen hura naiz. Ur hura.

A *(sinesgaitz)*: Ur hura. *(Geldiunea)* Eta zergatik ez didazu eguraldiari buruz hitz egin?

B: Eguraldiari buruz hitz egin nahi duzu?

A: Eguraldiari buruz edo beren buruaz beste egiten duten futbolariei buruz. Zerk eramaten ditu egoera tamalgarri horretara? Baloiari batez beste 3.000.000 ostikada ematen badizkiote urtean nolatan ez dute berdin egiten beren buruarekin? Edo beren munduarekin?

B: Ados. Hitz egin dezagun eguraldiaz.

A: Erdipurdi.

B: Erdipurdi zer?

A: Erdipurdi iruditzen zait.

B: Eguraldiari buruz hitz egitea ere (h)ura aipatzea da.

A: Ez dut (h)ura aipatu nahi.

B: Ahaztu nahi duzun (h)ura guztia da itsasoa.

*(Isilunea)*

B: Begira iezadazu begietara. *(Geldiunea)* Esadazu gogoko duzula aluak miazkatzea. Esadazu gogoko duzula zakilak miazkatzea. Esadazu gogoko duzula burdina miazkatzea. Esadazu gogoko duzula herdoilaren zaporea eta ez diozula inoiz inori esan. *(Geldiunea)* Esadazu ez zenuela askatasuna maite, ez zinela askatasunarekin maitemindu. Esadazu, baina, larrua joko zenukeela berarekin.

*(Geldiunea)*

A: Gogoko dut aluak miazkatzea. Gogoko dut zakilak miazkatzea. Gogoko dut burdina miazkatzea. Gogoko dut herdoilaren zaporea eta ez diot inoiz inori esan.

*(Geldiunea)* Ez dut maite askatasuna, ez nintzen askatasunarekin maitemindu. Hala ere, larrua joko nuke berarekin.

B: Esadazu orain egia dela, esadazu egia dela nik esateko eskatu ondoren esan duzun guztia.

A: Ez da egia.

B: Ezinezkoa da egia ez izatea.

A: Egia da ezinezkoa dela egia ez izatea. Baina hala ere.

*(Geldiunea)*

B: Baina hala ere zer?

A: Baina hala ere, hala ere.

B: Baina ia bikiak gara.

A: Baina ia. Baina ia-ia. Baina ia-ia, dena. *(Geldiunea)* Itxi begiak. Esadazu gogoko dituzula ezpainak. Esadazu gogoko dituzula ezpainak hitz egiten dutelako, esadazu gogoko duzula hitzen fereka. Esadazu gogoko dituzula kantautoreak. Esadazu denbora gelditu nahi zenukeela hitz bakoitzarekin. *(Geldiunea)* Esadazu askatasunarekin maitemindu zinela. Esadazu maitemindu zinela askatasunarekin. Esadazu askatasunak zu ez zinen beste batengatik utzi zintuela.

B: Gogoko ditut ezpainak. Gogoko ditut ezpainak hitz egiten dutelako. Gogoko dut hitzen fereka. Gogoko ditut kantautoreak. Denbora gelditu nahi nuke hitz bakoitzarekin. *(Geldiunea)* Askatasunarekin maitemindu nintzen. Maitemindu nintzen askatasunarekin. Askatasunak ni ez nintzen batengatik utzi ninduen.

A: Esadazu orain egia dela. Esadazu zure egia dela bederen.

B: Aski da! Ez da egia. Futbolariek ez dute buruaz beste egiten!

A: Orduan ez gara bikiak.

B: Ezinezkoa da.

*(Isilunea)*

B: Zenbat urte dituzu?

A: Bizi ditudan guztiak.

B: Baita nik ere.

*(Isilunea)*

B: Nire ustez saiatu behar genuke.

A: Saiatu zertan?

B: Nire ustez egia bilatzen saiatu behar genuke.

A: Bilatu? Egia bilatu? Zergatik ez aurkitu? Zergatik beti bilatu? Zergatik? Zergatik diozu bilatu? Ez duzu uste aurkituko dugunik?

B: Ados. Nire ustez egia aurkitzen saiatu behar genuke.

A: Ados.

B: Ados.

A: Baina...

*(Geldiunea)*

B: Baina... zer?

A: Zer aurkitu behar dugu?

B: Esan dizut lehen. Egia.

A: Egia da.

B: Zein da egia?

A: Egia da esan didazula. *(Geldiunea)* Baina...

*(Isilunea)*

B: Baina... zer?

A: Zergatik aurkitu egia? Zeren egia? Nola jakin egia dela? Zerekiko egia?

B: Bikiak ote garen jakin nahi dut.

A: Zergatik? Zertarako? Zertarako zergatik? Zergatik zertarako?

B: Agian zuri begira neure buruaz zer edo zer ikasiko nukeelako.

A: Eta zergatik egia? Diot, zergatik egia? Ez al da erakargarriagoa gezurra? Ez al zaizu iruditzen? Ez zaizu iruditzen erakargarriagoa gezurra?

B: Gezurra?

A: Gezurra. Pertsonen gezurra jakingo bagenu, asko ikasiko genuke haietaz. Egiarekin baino gehiago.

B: Egia.

A: Nola egia?

B: Egia dela gezurrarekin egiarekin baino gehiago ikasten dela pertsonez.

A: Baina nola esan dezakezu hori?

B: Zer ba?

A: Nola dakizu gezurrarekin egiarekin baino gehiago ikasten dela pertsonez esan dudanean egia esaten ari nintzela, eta ez gezurra?

B: Zuk uste duzu gezurrarekin egiarekin baino gehiago ikasten dela pertsonez egia dela esaterakoan gezurra esan dudala.

A: Horra egia.

B: Ba, gezurra da.

A: Zer da gezurra?

B: Gorputzean 206 gezur ditugula. Hori irentsarazi nahi diguten hezur bat da.

A: Ez da egia izango! Eta nola dakizu hori?

B: 206 baino askoz gezur gehiago ditugu gorputzean. Galdetu torturatzaileei bestela. Haiek badakite.

A: Egia.

B: Bai. Ez dizut gezurrik esango. *(Isilunea)* Hala ere.

A: Hala ere... zer?

B: Hala ere bikiak al garen jakin nahi nuke.

A: Hori jakin gabe ere kezka dezente dugu. Nik behintzat bai. Pentsa, munduko gerra guztiak. Egunkarietan agertzen direnak, eta batez ere agertzen ez direnak. Pentsa gerraosteak, horiek bai ez direla agertzen egunkarietan. Egunkariak ere ez dira agertzen egunkarietan. Eta agertu behar lukete. Denok behar dugu ispilu bat.

B: Hori ba! Hori da nik nahi dudana!

A: Pentsa, aitortu gabeko zenbat gerra. Pentsa, adibide bat jartzeko, emakumeak.

B: Zer gertatzen da emakumeekin?

A: Emakumeek pairatzen dutena da munduko gerrarik zaharrena, aitortu gabeko gerra, biktima gehien eragin duen gerra.

B: Zu emakumea zara?

A: Ez, baina agian izan beharko nuke.

B: A, bai? Are gehiago: a, bai?

A: Bai. Agian gizonezko batzuk emakumezkoak ere bagina, gauzak ezberdinak lirateke... ez dakit... hermafroditagoak.

B: Ni prest nago emakumea izateko zugatik.

A: Horrek ez du balio. Norberak izan behar du.

B: Ni prest nago negoziazio mahaia bultzatzeko gatazka honetan.

A: A, bai? Eta nola egingo zenuke hori?

B: Kamioi batean sartu eta amildegi baten ertzeraino eramango nuke mahaia. Orduan bultza egingo nioke, beheraino eror dadin.

A: Ados nago zurekin.

B: Hara! Ikusten?

A: Ez.

B: Tira.

*(Isilunea)*

A: Mahaiek ez gaituzte elkartzen. Mahaiek banatu egiten gaituzte. Begira familia. Gosaltzen bazkaltzen afaltzen duten bakoitzean harresi horizontal bat dago haien artean.

B: Ohean ez dago harresirik pertsonen artean.

A: Haurrek ohean ametsak fabrikatzen dituzte. Harrigarria da.

B: Zer da harrigarria?

A: Esnatzerakoan ametsak oroitzen dituztela.

*(Isilunea)*

B *(ilusioz, komunean duten beste zerbait aurkitu nahirik)*: Zu haurra izan zara?

A: Ez. Ni albo kaltea izan naiz.

B: Zeren albo kaltea?

A: Emakumeek pairatzen duten gerraren albo kaltea. Bortizkeriatik ihesi, etxez etxe, auzoz auzo, eskolaz eskola erbesteraturik, arrautza frijituak eta bizkotxoa jaten fakturak ordaintzeko.

B *(oihuka)*: Hiru baso irin, bi baso azukre, olioa hiru laurden, esne-gaina edo jogurta, hiru arrautza, legamia! Xamurtasuna bizitzan! Bizkotxoa gorroto duzu, hortaz! Aleluia! Aleluia! Aleluia!

A: Ez dut gorroto bizkotxoa.

B *(kasurik egin gabe, bueltaka, dantzan)*: Bizkotxoa gorroto duzu, hortaz! Aleluia!

A: Ez dut bizkotxoa gorroto.

B: Bizkotxoa gorroto duzu, hortaz! Aleluia!

A: Ez dut gorroto bizkotxoa.

B: Nola ez duzu ba gorrotatuko! Ezinezkoa da!

A: Ezinezkoa da. Baina ez dut bizkotxoa gorroto.

*(Isilunea)*

B: Zergatik ez?

A: Bizkotxoa nire bizitzaren parte dela onartu dudalako. Onarpena da barkamenerako lehen urratsa.

B: Kakalardoa!

A: Ez dira barkamena eta ahanztura nahasi behar. Nik barkatu nahi dut, baina ez ahaztu.

B: Kakalardoa!

A: Gorroto ditut kakalardoak.

B: A bai? Zergatik.

A: Ez dakit.

*(Isilunea)*

B: Ez dakit zure bikia izan nahi dudan. Krisi bat dut.

A: Lasai, ez zara eta.

B: Horixe ba! Horrek sortzen dit krisia.

A: Nire bikia ez izateak?

B: Ez. Lasai egoteak. Ezin nauzu pixka bat urduri jarri?

*(Isilune oso luzea)*

B: Aizu, zu ez zara intelektuala izango, ezta?
A: Ez, ni pentsalaria naiz.
B: A, bai? Beti nahi izan dut pentsalari bat ezagutu. Zein dira zure adjektiboak?
A: Postsokratiko Postsozialdemokrata Posturumea.

*(Isilunea)*

B: Eta horrek jateko ematen du?
A: Lan-post-u bat daukat a-post-u ilegalen post-u batean. Apost-a nabil horretan, Interneteko post-ak erantzuten, beste zerbait aurkitu bitartean.
B: A, ba post-en naiz.

*(Isilunea)*

A: Eta zu?
B: Ni? Lana bilatzea da nire lana. Ez dago gaizki, egun hobeak eta txarragoak izaten dira. Okerrena euria egiten duenean da.

*(Isilunea)*

B: Euria egiten duenean da okerrena.

*(Isilunea)*

A: Eta... ikasketak egin zenituen... horretarako?
B: Ez... ni berez... pailazoa naiz.
A: A. *(Geldiunea)* Ez nuen pentsatuko...

B: Ba, aizu, pentsalaria zara. *(Geldiunea)* Hamaiketakoan harrapatu zaitut agian.
A: Ez duzu, ba, graziarik egiten.
B: Hori sudurra galdu dudalako da. Sudurra galdu nuelako utzi behar izan nuen. Jada ez nuen graziarik.

*(Isilunea)*

B: Badakizu? Beti nahi izan dut pentsalari bat eduki familian.
A: Nik beti nahi izan dut futbolari bat eduki familian.
B: A, bai? Zergatik?
A: Norbaitekin hanka egin ahal izateko.

*(Isilunea)*

B *(pozik)*: Ideia bat dut!
A *(asperturik)*: Baita nik ere...
B: Ideia bat dut!
A: Baita nik ere...
B: Ideia bat dut!
A: Baita nik ere...
B: Agian ideia berdina da. Agian biok izan dugu ideia bera. Agian, agian. Agian ideia bera izan badugu, bikiak garelako da.
A: Egin dezagun baieztapen enpiriko bat.

*(Zutitu eta elkarri begira gelditzen dira, zuzenean begietara, luzaz)*

B: Ba ez.
A: Ez ba.

*(Eseri eta isilunea)*

B: Eta test bat egingo banizu?
A: Test bat zertarako.
B: Bikiak garen jakiteko.
A: Nik dakidala ez da existitzen holakorik.
B: Ba oker zaude. *(Poltsikotik ateratzen du)* Are gehiago, nik esango nuke oker zaudela.
A: Nondik atera duzu hori?
B: Hori edo hau?
A: Hau hori.
B: Hau.
A: Bai.
B: Nerabe homogeneoentzako aldizkari batetik... bate-tik.
A: Tak.
B: Tik.
A: Tak.
B: Tik.
A: Tak.
B: Dena pasatzen da.
A: Baita denbora ere.
B: Dena pasatzen da.
A: Dena eta baita ez dena ere.

*(Isilunea)*

B: Eta test bat egingo banizu?
A: Nahi baduzu, egidazu. Baina nik ez dut entziklopediarik erosiko.
B: Orduan test bat egingo dizut.

A: Nahi baduzu, egidazu. Baina nik ez dut erlijioz aldatuko.

B: Tok-tok.

A: Tik-tak.

B: Ahatea ireki mesedez.

A: Ahatea irekiko dizut. Zer nahi duzu? Bihotza? Lumak? Frijitua? Labean? Bere izena da nahi duzuna? Nahi baduzu galdetuko diot, baina ez dut uste hitz egingo duenik. Ahateek ez diete inoiz erantzuten galdera pol·itikoei. Ezta galdera pol·itei ere. Hala ere, ez, ez naiz pol·izia.

B: Zu pentsalaria zara. Poliziek ez dute pentsatzen?

*(Isilunea)*

B: Testarekin hasiko naiz!

A: Zein da testaren izenburua?

B: «Hamaika galdera George Bush ote zaren jakiteko».

A: Ni ez naiz George Bush!

B: Badakit. Begira zer jartzen duen hitzaurrean: «XXI. mendearen hastapenean nerabeek duten nortasun krisi larriari erantzuteko sortutako testa da hau. Nerabeen nortasun arazoa konpontzen ez bada ere, George Bush ez direla jakiteak autoestimua garatzen dezente laguntzen du».

A: Oso interesgarria. Eta? Zer esan nahi duzu horrekin?

B: Dena dago lotuta. Gogoratu dorreak.

A: Zein dorre?

B: Bikiak...!

A *(oso serio)*: Orain bai. Orain arrazionalki esango nuke grazia izan duzula.

B: Ba ez duzu barrerik egin.

A: Bai, pentsatu beharko dut honetan. Hala ere, oso gauza serioa da txisteak egiteko. Biktimak oroitu besterik ez dago.

B: Egia da: Irak, Afganistan, Afrika, Nikaragua, Kuba, Mexiko, Vietnam...

A: Ados, ados. Ekin diezaiogun ikerketari.

B: Ados, ados. Ekin diezaiogun ikerketari. Hemen nire erantzunak ditut. Zure erantzunak nireekin parekatuko ditugu, eta orduan jakingo dugu bikiak garen edo ez.

A: Zalantzarik balego, beti parekatu litezke irailaren 11ko itsuen loteriako azken zenbakiekin.

B: Bai, orduan ez legoke zalantzarik. Are gehiago, orduan ez legoke legokerik. Lehenengo galdera!

A *(azkar)*: Tik-tak-tik-tak-tik-tak-tik-tak...

B: Munduko maitasun erreserbak petrolioarenak baino lehenago agortuko dira?

Aukerak:

a. Bigarren erantzuna da zuzena
b. Hirugarren erantzuna da zuzena
c. Lehenengo erantzuna da zuzena

Tik-ak-tik-tak-tik-tak-tik-tak...

A *(berekiko, ahots altuan pentsatuz)*: Beno, beti pentsatu izan dut noizbait yankiek maitasunaren patentea erosiko zutela burtsan gorrotoaren balioa igoarazteko, beraz... c!

B: C! Oso ondo! Lehenengo erantzuna da zuzena! Bigarren galdera!

Egia al da «Itxaropena» mendebaldeko gizarte kapitalistaren asmakizun bat dela?

Aukerak:

a. Bigarren aukera da zuzena
b. Lehenengo aukera da zuzena
c. Bigarren aukera da zuzena

Tik-tak-tik-tak-tik-tak-tik-tak...

A: Beno, egia esan Afrikako edo Hego Amerikako pertsona askorentzat, oraina besterik ez da existitzen. Askotan ezta hori ere. Itxaropena etorkizuna badenik sinestean datza, hortaz... b aukeratzen dut.

B: B! Oso ondo! Lehenengo aukera da zuzena. Hirugarren galdera: edozein gerra edo gatazkatan sormena eta artea lehen hilotzekin batera hiltzen dira, egia al da sormenerako eskubideak adierazteko edo biltzeko eskubidearen pare egon behar lukeela?

Aukerak:

a. Lehenengo aukera da zuzena
b. Bigarren erantzuna da zuzena
c. Hirugarren erantzuna da zuzena

Tik-tak-tik-tak-tik-tak-tik-tak...

A: Beno, edozein gatazka armatu dagoenean herrialde neutraletako liburu tematiko politiko telematikoen industriak aurrera egiten du. Herrialde erasotzaileak liburu horiek inportatzen ditu, jendeari inporta ez zaionez, irakurzaletasuna ez bultzatzeko. Ez dago hori frogatzeko datu ofizialik, beraz, egia izan behar du. A aukeratzen dut!

B: A! Oso ondo. Lehenengo aukera da zuzena. Orain datuak parekatzea besterik ez dago bikiak ote garen jakiteko.

*(B kontzentratu eta paperak aztertzen hasi da. Bitartean A-k sabel dantzaren antzeko zerbait egiten du,*

*musika ahapetik kantatzearekin batera. B-k kontzentrazioa galdu du)*

B: Zertan ari zara?

A: Nire arrazionalismoa konpentsatzen. Oreka bilatzen. Zeruaren eta lurraren artean dagoena arnasten.

B: Bale, bale. Segi orduan.

*(A-k dantzan jarraitzen du, B-k paperak aztertzen, puska batean)*

B: Ondo da! Argi dago!

A *(gelditu eta adi begiratzen dio)*: Zer dago argi?

B: Gure bikitasun indizea.

A: Eta?

B: Bikiak gara, ez dago zalantzarik.

A *(pentsakor, harrituta)*: Erantzun guztiak dira zuzenak, hortaz?

B: Ez, bat ere ez. Eta nik erantzundakoak... ezta ere.

A: Nolatan gara bikiak orduan?

B *(minduta)*: Eta zu pentsalaria zara? Zer da pertsona bat kontraesanik gabe? Eta zu pentsalaria zara? Gauza berdinetan egin ditugu akatsak! Eta zu pentsalaria zara? Kontraesan berdinak ditugulako gara bikiak! Eta zu pentsalaria zara?

*(Isilune luzea)*

A: Har dezala bakoitzak bere bidea, hortaz. Benetako anaiek ezin dute elkar ikusi.

B: Zirraragarria! Harrigarria! Garria! Ia! Har dezala bakoitzak bere bidea, hortaz.

A: Are gehiago, bere bidea har dezala bakoitzak, hortaz.

B: Anaien bakardadearekin egingo dugu bidea.

A: Bakardadeen anaiekin, bai.

B: Agur, hortaz.

A: Hortaz... agur!

*(Alde batetik doa bakoitza, kontrako norabideetan. Handik gutxira itzuli eta serio, amorruz, espresiorik gabe besarkatzen dute elkar, eszenatokiaren erdian. Une batez elkarri begiratu, eta berriro joaten dira, oraingoan betiko)*

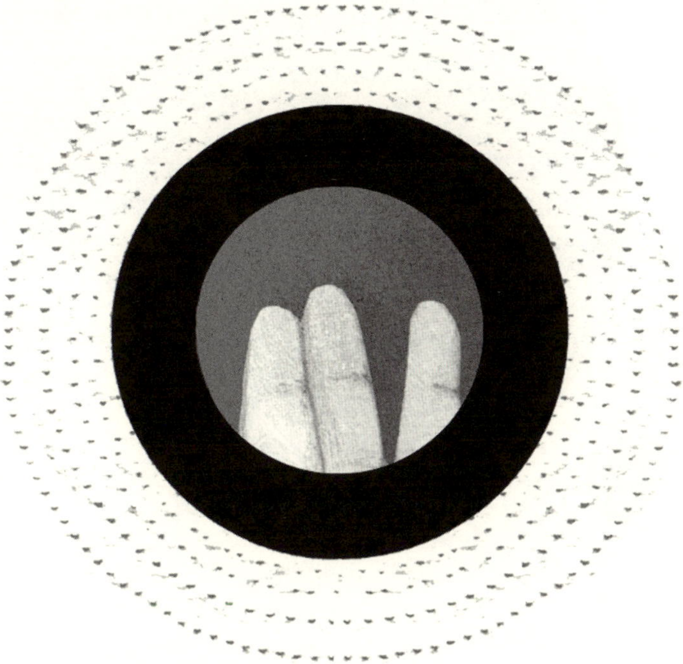

# Arra. Arraroa

## ARRA. ARRAROA

«Arra. Arraroa» Artezblai argitaletxeak plazaratu zuen estreinako aldiz 2010ean, «Herio heroi» antzezlanarekin batera.

### ARRA. ARRAROAK OHOLTZARAKO HARTUTAKO FORMA BATZUK:

IRAKURKETA DRAMATIZATUA (2011), Gasteizko Europa aretoan, 2011ko udazkenean, bi ahotsetan: Iñigo Ortega eta Oier Guillan deklamatzaile.

ANTZERKI BAKARRIZKETA (2011): Iñigo Ortega aktore, Miren Alcala laguntzaile. Donostia Kulturak bultzatutako Antzerki Labur Lehiaketako lehen deialdian saritua, 2012ko uztailaren 17an estreinatua Donostiako Guardetxean.

ANTZERKI BAKARRIZKETA 2.0. (2012): Iñigo Ortegak bultzatutako «2.0» bertsioa, Ainhoa Alberdiren zuzendaritzapean. Behin bakarrik eskaini zen, Zarauzko Modelo aretoan, Miren Gaztañagaren 'Stereo' piezarekin batera, 2012ko abenduaren 2an.

«KAFKAREN AULKIA» EMANALDIAREN BARRUAN (2014). 2014ko otsailaren 20an Elorrion eskainitako saioa: Andoni Egaña eta Uxue Alberdi bertsotan, Pello Ramirez musikari, Oier Guillan deklamatzaile.

1.

Arra. Arraroa.

2.

Potroetaraino nago.
Bai.
Potroak ditudalako nago
potroetaraino.
Horregatik eta
gizona izatea zer den entzuteaz
aspertuta nagoelako.
Gizonezkoak gara gizonkeriaren beste biktimak.
Zakilzofreniatik askatuko gaituen mugimendu,
postmugimendu
edo megapostrockmugimendu ideologikoaren zain
omen den
gizakil multzoa.
Gizona.

3.

Ideia zaharkituen depilazioa,
emozioen politika,
boterearí uko egitearen indarra.

4.

Aitorpen publikoa, 1:
poesia idazten dut.
Arraroa izan naiz beti.
Arra. Arraroa.

5.

Gizona naizela diot
eta harro nago.

Gizona naizela diote,
eta arra nago.

Gizona naizela diozu,
eta arraro nago.

6.

A!
Nola sartu naiz esku hauetan!
A!
Nola heldu naiz bular honetara!
A!
Nola iritsi naiz hona barrura!

7.

Gizona naiz.
Gizona naiz
nahiz eta
gizona izan.
XXI. mendean ezin da gizona izan etiketarik gabe.
Hauek dira nireak:
modernoa,
jatorra, sentibera,
indartsua, ulerbera,
adimentsua,
elegantea baina ez gehiegi,
detailezalea baina pixka bat despistatua,
heterosexuala.
Adjektiboak dira munduko gauzarik estresagarriena.

8.

Heterosexuala izan nahi dut errudun sentitu gabe.
Feminismoa aldarrikatu.
Desioz begiratzen didaten gizonezkoen albotik pasatu
eta horrekin disfrutatu.
Sexuari buruz hitz egin, ideologia bat ez balitz bezala.
Nahi dudan bezala jantzi inauteriak ez direnean ERE.
Ezpainetan muxua emanez agurtu lagunak:
lehoiak, jirafak, elefanteak
eta pertsonak.
Nortasun propioa aldarrikatzen duen
gizona izan.
Gizona.
Zer arraio da gizon bat?

9.

Begira.
Ileak ditut.
Leku guztietan,
oin azpietan izan ezik.
Hala ere, noizean behin
ile batzuk depilatzen ditut.
Sudurzuloetakoak.
Bularrekoak.
Galtzarbeetakoak.
Luzeenak behintzat.
Eta harro nago.
Eta arra nago.
Nik ere nahi dut desira nazaten.
Aspertuta nago gizonezko heterosexualen trauma ezkutuez.
Isiltasunaz.
Aspertuta nago baita ere
izan behar nukeena oihukatzen didaten
eskuindarrez eta ezkertiar postmodernoez.

10.

Aitorpen publikoa, 2:
igandeetan ez dut kinielarik egiten.
Arraroa izan naiz beti.
Arra. Arraroa.

11.

Zerk edo zerk definitu badu orain arte gizona izatea zer den,
hori beldurra izan da.
Emozioak adierazteko beldurra.
Ahul agertzeko beldurra.
Barregarri geratzeko beldurra.
Galtzaile izateko beldurra.
Barrutik biluzteko beldurra.
Beldurrari aurre egiteko irakatsi diguten modu bakarra
beldurra eragitea da.
Beldurrari ostia pare bat eman eta kito.
Beldurraren kontrakoa ez da ausardia.
Beldurraren kontrakoa beldurrarekin bizitzen jakitea da,
inor izorratu gabe.

12.

Nire aurrekoek erakutsi didate gizonezkoa izatea zer den:
nire aurreko gizonezkoek
eta batez ere
gizonezkoen rola defendatu duten
nire aurreko emakumeek.

13.

Manifestu ezinezkoa:
emozionalki, fisikoki, zakil-zikloki heterosexuala naiz. Eta zer?
Arrazionalki bisexuala naiz. Eta zer?
Ideologikoki gay-a naiz. Eta zer?
Trans, intro, hiper, mega, homo, super, lesbo, queer...
funtsean, faxismoaren birziklapenaren kontra egiten duen zoriontasun mota guztien aldekoa naiz.

14.

Lagunok,
gogoko ditut
titi handiei buruzko txisteak.
Entzuten ditudan bakoitzean
nire ama etortzen zait burura
ezpainak handituta,
hortzak odolez beteta.

15.

Aitorpen publikoa, 3:
emakumeen kontrako bortizkeriaren biktima izan den gizonezkoa naiz.
Arraroa izan naiz beti.
Arra. Arraroa.

16.

Emakumeen kontrako bortxakeria
guda totala da,
gatazka dosifikatua,
isilpeko mundu-gerra.

Noiz idatziko dituzte kolpatutako,
umiliatutako,
baztertutako emakumeek historia liburuak?

Nolakoak dira kolpatutako,
umiliatutako,
baztertutako,
erraildako emakumeen semeek
idatzitako nobelak?

Non daude orain kolpatutako,
umiliatutako,
baztertutako,
erraildako emakumeen semeak?

Nolako gizonak dira?
Zer ikasi dute?

17.

Imajina dezakezue zer den
emakumearen kontrako bortizkeria jasan duen
gizonezkoa izatea?
Zeure burua aitaren ispilu hautsian ikustea?

Amak hazitako gizona naiz.
Bizarra kentzeko aparrik gabe munduan abiatu den
nerabea,
gauetan galtzontziloak zikintzen dituen hazia ezkuta-
tu beharrean den
norabiderik gabeko gaztea.

Ama bati ez litzaioke monumentu bat egin behar,
ama bati gizartean boterea eman behar litzaioke,
ahal dela boterearen ideia eraitsi dezan.

18.

Aitorpen publikoa, 4:
ez dakit entxufeak konpontzen.
Arraroa izan naiz beti.
Arra. Arraroa.

19.

Ni naiz nire aita.
Begira iezadazue: ni naiz
nire aita.
Eta ez aitaren iguala naizelako, ez.
Neure buruari erakutsi behar izan diot bizarra mozten,
bizitzaren saminari aurre egiteko tresnak bilatzen.

Ez da erraza haur zarelarik etxera iritsi eta
zure ama negarrez topatzea,
aurpegia ubelduta.
Ez da erraza eskolatik bueltatu eta
telebistako pantailan ikustea, gorriz idatzirik:
*akabatuko zaitut.*

Pentsatu duzue inoiz nolakoa izango den
norbaiti lepoan labana sartzea?
Nik bai.
Ama defendatzeko.
Baina ez dut egin,
ez nuen neure aita akabatu
ez nuelako gizon hori izan nahi.

20.

Nolakoa da iragana errepikatzen ez duen gizona?

21.

Aitatasuna titi depilatu bat da.
Emakumeek eskubidea dute erabakitzeko bere gorputzarekin zer egin nahi duten
eta ni horren aldekoa naiz.
Baina ni ez naiz sekula erabakitzeko aske izango.
Negoziatzeko edo inbertitzeko aske, asko jota.

Hala eta guztiz ere,
nik ere aita izan nahi nuke,
neure buruari gauzak beste modu batean egin daitezkeela frogatzeko.
Edo saiatzeko behintzat.

22.

Mundua, modua.
Zein da gizonezkook munduan egoteko dugun
modua?

23.

Mundu osoaren aita izan nahi nuke,
injustiziatik babestu zanpatua den oro,
eguna odolak estalia datorrenean
*pasako da* esateko gaitasuna eduki!
Ahula sentitzen den hori babesten duen
figura sendoa izan nahi nuke,
hau da, funtsean: topiko bat,
bizitza errazagoa egingo didan topiko bat.

24.

Aitorpen publikoa, 5:
kirolari txarra naiz.
Arraroa izan naiz beti.
Arra. Arraroa.

25.

Bizi gaituen bizitza honetan
baztertuen artekoa da nire familia.
Eta baztertuetan oraindik kategoriarik, gerrillarik,
kantarik edo bertsorik sortu ez zaienen artekoa.
Eta ni, hortaz, sailkatu gabeko baztertuen artekoa:
emakumeen bortizkeria jasan duen gizonezkoa...

26.

Aitorpen publikoa, 6:
bizikleta gainean desastre hutsa naiz.
Arraroa izan naiz beti.
Arra. Arraroa.

27.

Ea, esaldi arranditsu bat:
kapitalismoak baztertutako guztien aldekoa naiz.
Bereziki itsusien aldekoa. Horietako bat naizelako.
Gizona izan nahi duen gizona,
bufoia, poeta,
aurrelari eskasa, defentsa okerra, atezain kaskarra,
kakanarrua, iletsua, burusoila,
etxetresna elektriko konpontzailerik traketsena.

28.

Honela hitz egiten du nire ahotsak:
A... o... mmm...
Ua! Plastilinazko pilak dituen megafono bat naiz!
A... o... mmm...

29.

Arra! Patua!
Ez naiz,
ez nago,
arra! Patua!

30.

Maita nazazue, kabroi alaenak, maita nazazue!
Ez al duzue ikusten gauza garrantzitsuak egin ditzakedala?

Ez.
Ez duzue ikusten.
Eta, egia esan, eskerrak.
Ezingo nuke jasan jende guztiak ni maitatzea.

Gutxi batzuekin konformatzen naiz:
maita nazazue, kabroi alaenak, maita nazazue!
ez al duzue ikusten beharrezkoa naizela?

Ez.
Ez zaituztet ni maitatzera derrigortuko.
Ez naiz estatua edo konstituzioa izango
gure arteko harreman honetan.
Itsusien edertasuna konpartitzeko prest nago.

31.

Aitorpen publikoa, 7:
ezetz, ostia, ez dakidala
zein den nire lagunen autoaren marka!
Arraroa izan naiz beti.
Arra. Arraroa.

32.

Buztanburua.
Astapotroa.
Ahoberoa.
Zakila naizela diote askotan.

Nire zakilak ez daki disimulatzen.
Nire aurpegiak ere ez.
Egia esatea beste biderik ez dut: atsegin zaitut,
2.343 ile ditut gorputzean,
metro koadro honetako gizonik politena naiz.

33.

Zakilarekin jotzen dut larrua
eta ipurdiarekin,
gerriarekin,
eskuekin,
oinekin,
mingainarekin,
sudurrarekin,
begiekin,
birikekin,
gibelarekin,
globulu gorriekin,
hesteekin,
hezurrekin,
bihotzarekin.

34.

Zuek badakizue zer den gizon bat?
Zuek badakizue nolakoa den gizona izan nahi duen gizona?

35.

Sentikorra eta indartsua.
Jende gehiena bezala, azken finean.
Nik ere badakit zer den borrokatzea,
nik ere sartu dut inoiz ukabila aurpegi batean.
Ni ere banaiz min emateko gai.
Nik ere egin dut negar maitasunezko film batekin.
Munduko gauza itsusiekin hunkitzen naiz,
pertsonen arteko keinu hautsiekin,
samurtasunarekin.
Eskutik heldu baina lotu gabe, leunki,
musika gozoa jarri ezpainetan...
goza ditzagun bihar ahaztuko gaituzten plazerak!

Sentikorra eta indartsua,
min emateko gai,
jende gehiena bezala.

36.

Aitorpen publikoa, 8:
ez dakit igeri egiten.
Arraroa izan naiz beti.
Arra. Arraroa.

37·

Beti miretsi ditut ezizenak dituzten pertsonak.
Nik ez dut inoiz halakorik izan.
Ezizenarekin ezagutu ditudan pertsona gehienak gizonezkoak dira:

Txibi
Txato
Treku
Fiti
Junki
Perku
Trosko
Zato
Txiki
Peli
Txelu
Azpi
Gogi
Murru
Txokolo
Potxolo
Metralla

Nik ez dut inoiz ezizenik jaso.
Behin saiatu nintzen
neure buruarentzat ezizen bat sortzen
eta ahoz aho zabaltzen: azul.
*E, azul! Benga, azul! Tiraiok, azul!*
Ez nuen arrakastarik izan.

Nola zabaldu daiteke norberari buruzko zurrumurru bat?
Arraro begiratzen zidaten denek. *Azul.*
Eskerrak ez nuen arrosa esan, edo horia.
Mutilak ez al dituzte, ba, txikitan urdinez janzten?
Ba, horixe nahi nuen nik, ezizen *maskulino* bat:
*Azul!*

Agian ez dut lortu neure buruaren karikatura izatea,
eta horregatik ez didate inoiz ezizenik jarri.
Nire aurpegiak ez du ezeren antzik.
Ez dut lortu sekula modu original batean barregarri geratzea.

Arraroa izan naiz beti.
Edo agian besteak dira arraroak?

38.

Aitorpen publikoa, 9:
apustu egiteak gogaitzen nau.
Arraroa izan naiz beti.
Arra. Arraroa.

39.

Gizona.
Munduan egoteko modu bat.
Edertasuna arnasteko modu bat.

40.

Behin poesia idazten hasi nintzen.
Arraroa izan naiz beti.
Arraroa nintzen besteentzat, poesia idazten nuelako.
Eta hara non, bat-batean, poesia politikoa idatzi nuen.
Halako batean gizon bilakatu nintzen batzuentzat
gauza inportanteak esaten nituelako,
nahiz eta inor gutxik irakurri,
nahiz eta euskaraz egin,
baina gizon egin nintzen,
poesiari esker.
Hori bai,
poesia idazten jardun nuen lehenago urte luzez,
'arraroa' etiketa buztanetik zintzilik.

Jasanezinak zaizkit
banderak zintzilikatu nahi dituzten pitilin mastak.

41.

Gizona.
Munduan egoteko modu bat.

Puzkerra.
Korroka.
Pixa egin edozein lekutan.
Apurtu, suntsitu, tirokatu, torturatu.
Neskak barregarri utzi
haien atentzioa bereganatzeko.
Sexuari buruzko txisteak egin.
Kanpaia jo eta besteei esan.

Hau al da gizonezkook munduan
egoteko dugun modua?

42.

Gizona.
Edertasuna zurrupatzeko modu bat.
Ez da erraza gizon ederra izatea.
Erakargarria.
Zure segurtasun falta guztia
norbaiten aurrean gainditzea lortuta ere
arropa eranztean
gazta bola iletsua azalduko zaizu ustekabean,
sabel zabalegiaren ertzetik.
Sedukzioak droga baten moduan
kontsumituko zaitu,
biluzteak izua sortzen dizun arren.

Ideia modernoen depilazioa!
Itsusien edertasuna!

Nire azazkalak politak dira.
Esan dezake inork horrelako zerbait
inozoa sentitu gabe?
Nik bai.

Edertasuna.
Gizona izateko moduak
lotsarik gabe asmatzearen edertasuna.

43.

Aitorpen publikoa, 10:
batzuetan ez dut gogorik larrua jotzeko.
Arraroa izan naiz beti.
Arra. Arraroa.

44.

Behin emakume bat maitatu nuen.
Gero beste emakume bat maitatu nuen,
eta gero emakume hori maitatu nuen berriro.
Azkenean, emakume batek maitatu ninduen ni,
eta hura kasualitatea,
baita nik bera ere.
A ze lana maitatzea.
Emakume hura, baina, ez zen nirea.
Haiek lanak nirea izan ez zedin!
*Hau da zure neska,*
*zure bikotea,*
*zure puta,*
*zure zakurra,*
*zure tximino makillatua.*
Emakume hark ez zuen jaberik
bere senari baino ez zion egiten men,
eta batzuetan, hori ere ez.
Ez genuen elkar erosi,
ez elkar alokatu ere;
okupatu bai, agian.
Elkarren gogoak eta gorputzak okupatu genituen,
batak besteari plazera emanez
inorena ez den lurraldean.

45.

Hauexek dira lotsaren lege ez idatziak:
tabernetan dantzatu inor bultzatu gabe,
neskekin hitz egin mozkorra egon gabe,
publiko aurrean kantatu,

kontzertuetan gorputz osoa astindu eta ez soilik
burua,
txuleta edo saihetsak ez diren jakiak prestatzen jakin,
arropa erosi aholkularirik gabe,
oinetako azazkalak moztu,
familiako bazkalosteetan mahaia jaso beste gizonezko
batzuen aurrean.
Ez umiliatu inor popularra izateko.

Nola izan gizona adjektiborik gabe?
Nola izan gizona eta ezkertiarra,
modernoa,
jatorra, sentibera,
indartsua, ulerbera,
heterosexuala... lotsa sentitu gabe?
Zakilarekin pentsatu
errudun sentitu gabe.

Titiak ikusi eta
tripak
besoak
izterrak
belarriak
sudurrak
hankak
ahotsak
begiradak
pertsonak.
Biluzi.
Erotikaren zapore gozoa dastatu
begiradarekin inor bortxatu gabe.

46.

Edertasuna.
Isilik geratzen ez direnen
edertasuna.
Konformatzen ez direnen
edertasuna.
Umiliazioa onartzen ez dutenen
edertasuna.

Bortizkeria borrokatzen duen
bortizkeria poetikoa:
munduko torturatzaileak,
suizidatu zaitezte!

47.

Ez naiz telebistako iragarkietan azalduko
eta, hala ere, jasanezina zait gizonezkoen kolonia,
eta gorroto ditut teniseko galtzerdi zuriak.

48.

Biluzi naiz:
zarpaila eta sentsuala,
beldurtia eta ausarta,
ahula eta indartsua,
traketsa eta abila,
fina eta gustu txarrekoa,
konprometitua eta ezjakina.
Munduko itsusirik ederrena eta ederrik itsusiena.

Arraroa izan naiz beti,
(h)arra-patua izatea saihestu nahi izateagatik.
Arraroa eta horregatik, batzuetan,
askea.

Norberaren egia gorpuztea,
agertzea,
ezkutuan dagoena leherraraztea,
mugitzen ez dena astintzea.

Irudimena gorpuztearen artea:
gorputz matxuratuak,
gorputz mehatxatuak,
gorputz matxinatuak imajinatuz sortzeko
aukera.

Zer egin dezaket.
Zer egin dezaket nik.
Zer egin dezaket nik, gizon batek.
Zer egin dezaket nik, maskulinoa dela dioen gizon
batek.
Zer egin dezaket nik, gorputz honek.
Zer egin dezaket nik, gorputz honek,
torturatuak diren mehatxatuak diren baztertuak diren
ukatuak diren gorputzen alde.

Zer egin dezaket nik
errealitate hautsi gordin krudel erreal honen eta
horren aurrean.
Zer egin dezaket nik
errealitate hautsi gordin krudel erreal honen eta
horren barrutik.

Zer egin dezake gizonak, gizonkeria denean eraitsi
nahi dena.
Zer egin nezake maskulinoki, maskulinokeriak itotzen
duenean dena.

Zer egin dezaket nik, gizon batek,
gizon naizela diodan uneetan eta gorputzetan.
Zer egin dezaket nik, gizon batek,
gizona izateari uzten diodan egunetan.
Zer egin dezaket nik,
gizona izateari uzten diodan gorputzetan.
Zer egin dezaket nik,
gizona izateari uzten diodan jarreretan.

Nola zabaldu oheak.
Nola etzan
translaztanduz,
arraroentzunez,
queerjakinez
emesanez
maskulinoa dela edo ez dela
dioen ororen alboan.

Nola egin uko botereari, indartsua izaten hasteko.

AURKIBIDEA

Liburu hau,
MR. SEÑORA ETA BESTE ILEORDE BATZUK
Simone de Beauvoir hil eta 30 urtera amaitu zuten
diseinatzen, konposatzen eta maketatzen
Ödnabako MØNTI GRAFÍSKRI HÖNNUN atelierrean
eta horretarako Chris Burkek 1990ean
digitalki sortutako CELESTE familia tipografikoa erabili zuten.

Aurkeztu dizugun liburuaren eduki, itxura edo inprimaketari
buruzko iritzia guri helarazi nahi izanez gero,
bidal iezaguzu. Zinez eskertuko dizugu.

TXALAPARTA ARGITALETXEA E.M.L.
San Isidro 35-1A
78. Posta-kutxa
31300 TAFALLA
Nafarroa
Tel. 948 703934
txalaparta@txalaparta.com
www.txalaparta.eus